성과없이 바쁘기만 한
당신을 위한
시간관리 스킬

성과 없이 바쁘기만 한
당신을 위한

시간
관리
스킬

고도 토키오 지음 | 김현영 옮김

타커스

일주일에 10시간 일하고
1년에 2억 원을 버는 비밀은?

    나는 현재 바쁜 아내를 대신해서 집에서 만 한 살이 된
아들을 돌본다. 또한 청소부터 빨래, 쓰레기 버리기, 소모품
의 재고관리까지 가사의 대부분을 담당하고 있다. 말하자
면 어린아이를 키우는 어머니의 수고를 몸소 체험하는 중
이다.

    가사도 해야 하고 놀아달라고 보채는 아들도 있어서 나
는 나만을 위해 시간을 내기가 어렵다. 내가 하루 중에 업
무를 보기 위해 쓰는 시간은 2~3시간 정도에 불과하다.

    그럼에도 나의 연 수입은 2억 원을 밑돈 적이 없다. 아니,
오히려 해마다 늘고 있다. 이는 내가 전략적으로 일상의 습
관을 바꾸어 제한된 시간을 효과적으로 사용한 덕분이라

생각한다.

나는 샐러리맨으로 직장에 들어가 조직의 일원으로 일했고, 그 다음에는 경영자로서 조직을 통괄하는 자리에 있었다. 그리고 지금은 개인사업자로서 가사와 육아까지 맡고 있다. 나는 생활방식이 바뀌고 하는 일이 달라질 때마다 항상 그에 맞춰서 내게 주어진 시간을 다르게 쓰려고 노력했다.

그리고 그 과정에서 한 가지를 깨달았다. 시간을 쓰는 방법이 바로 인생을 살아가는 방법이라는 사실을. 시간을 어떻게 사용할 것인가 하는 '판단'과 그 시간의 '누적'이 그 사람의 인생을 좌우하기 때문이다.

여기에서 말하는 판단은 '무엇을 하고, 무엇을 하지 않을 것인가?'에 관한 결정을 뜻한다. 만약 페이스북을 하느라 1시간을 소비했다면 그 1시간 동안 해낼 수 있었던 다른 일을 버린 꼴이 된다. '무언가를 하겠다'는 결정은 '무언가를 하지 않겠다'는 결정과 같고, 이 결정에서 무엇을 선택하느냐, 즉 어떤 판단을 내리느냐에 따라 '오늘의 나 자신'이 존재한다.

누적은 지금까지 해온 것들의 축적을 말한다. 만약 3년간 영어 공부를 해서 영어로 말할 수 있게 되면 이직의 선택 범위가 넓어질 테고, 더 좋은 위치에서 더 나은 수입을 얻게 될 것이다. 이때 영어 공부를 한 사람과 하지 않은 사람 사이에는 큰 차이가 발생한다. 이 차이를 만들어내는 3년이라는 시간이 바로 누적이다.

3년은 지나고 보면 그리 길지 않은 시간이다. 무엇을 하든, 무엇을 하지 않든 3년이라는 시간은 누구에게나 똑같이 흐른다. 똑같이 흐르는 시간 속에서 무엇을 누적하느냐에 따라 인생이 달라진다.

세상에는 네 가지 유형의 사람이 있다. 시간은 있지만 돈이 없는 사람, 돈은 있지만 시간이 없는 사람, 돈도 없고 시간도 없는 사람, 돈도 있고 시간도 있는 사람.

저마다 가치관이 다를 테니 어느 유형이 더 좋다고 단정 지을 수는 없지만, 많은 사람들이 '돈도 있고 시간도 있는' 상태가 가장 바람직하다고 여긴다. 돈도 있고 시간도 있으면 자기 앞에 기회가 찾아왔을 때 바쁘다거나 돈이 없다는 이유로 머뭇거리지 않아도 되기 때문이다. 자신이 원하면 언제든 그 기회를 잡을 수 있다. 그러면 새로운 세계를 경험해보거나 새로운 능력을 꽃피울 수 있다. 나는 이러한 것들이 삶을 더욱 재미있고 풍요롭게 해준다고 믿는다.

내가 생각하는 시간관리는 이렇게 인생을 풍요롭게 하는 데, 원하는 인생을 실현하는 데 그 목적이 있다.

시간을 효율적으로 써라, 자투리 시간을 활용하라, 단시간에 여러 가지 일을 하라, 빠르게 일을 처리하라 같은 조언들은 물론 옳고 중요하다. 하지만 그에 앞서 '나는 어떻게 살고 싶은가?', '무엇을 하면 행복할까?'를 생각해봐야 한다. 시간관리 스킬은 이러한 목표를 달성하기 위한 수단에 불과하다.

삶의 목표는 사람마다 다르므로 그 목표를 이루기 위한 수단 역시 사람마다 달라야 한다. 다른 사람의 조언이나 책에 나오는 시간관리 스킬을 곧이곧대로 받아들이기보다 자신의 가치관이나 일을 처리하는 방식, 생활하는 방식에 맞춰서 다양한 방식을 모색해야 한다. 사실 그런 의미에서 보면 이 책도 하나의 참고 자료에 지나지 않는다.

똑같은 시간관리 스킬을 제시해도 '오늘 당장 시도해봐야지' 하는 사람이 있는가 하면 '그 방식은 내게 맞지 않아', '공감할 수 없어' 하는 식으로 사람마다 감상이 다를 수 있다. 그런데 그런 감상을 토대로 당신이 선택해왔던 것들의 축적이 오늘의 당신을 이루고 있다. 만약 당신이 지금 상태에 불만을 느낀다면 이제 당신은 그 감상도, 선택도 바꾸어야 한다.

지금까지의 믿음이나 상식에 얽매여서 자신의 시간(=인생)을 잃는다면 그건 매우 아까운 일이 아닐까?

이 책이 그런 얽매인 사고방식에서 벗어나 당신의 새로운 가능성을 찾는 데 도움이 되기를 바란다.

차례

 시간을 관리하면 새로운 해법이 보인다

 시간에 투자 개념을 적용하면 수입이 계속 늘어난다

3장 시간을 투자하기 위해 그 밑천을 만드는 방법

4장 사고와 아웃풋을 단시간에 논리적으로 정리한다

5장 '다른 사람 인생의 장기 말'에서 벗어나기 위해 알아야 할 것

1장

시간을 관리하면
새로운
해법이 보인다

뛰어난 사람은 그렇지 않은
많은 사람과 무엇이 다를까?

 잡지나 인터넷을 보다 보면 경제 격차나 소득 격차가 점차 확대되고 있어서인지 수입이 적어서 결혼도 못하고 아이도 낳을 수 없다거나 초과근무를 해도 연 수입이 약 2,000만 원밖에 되지 않아 생활하기 힘들다는 내용의 기사를 자주 접하게 된다.

 앞의 〈머리말〉에서 네 가지 유형을 언급했는데, 사실 많은 사람이 가장 피하고 싶어 하는 유형은 이처럼 '돈도 없고 시간도 없는' 유형일 것이다.

 이 네 가지 유형의 차이는, 다소 추상적인 표현이지만, '무엇을 보는가?' 혹은 '무엇을 보지 않는가?'에서 비롯된다. '어떻게 하고 싶다'라는 방향성의 유무가 그러한 차이를 낳는다.

예컨대, 절약에 관한 블로그를 쓰는 주부들 중에는 '절약'이라는 지출의 절감만 생각하고 '수입의 증가'는 고려하지 않는 이들이 있다. 현재의 수입 내에서 생활하는 것을 목적으로 삼으면 '얼마나 알뜰하게 살림을 꾸리느냐?'만을 따지게 된다. 그러나 정말로 원하는 바가 절약이 아니라 더욱 윤택한 삶이라면 무엇보다도 수입을 늘릴 방법에 주목해야 한다. 그렇지 않으면 언제까지나 허리띠를 졸라매며 사는 삶이 계속될 것이다.

이를 시간을 사용하는 방법의 관점에서 바라보면, 결국 '어떻게 하고 싶다'라는 방향성이 정해지지 않으면 일상의 모든 시간이 '해야만 하는 일'로 채워지게 되고, 결국 그런 일들만 하면서 살게 된다고 할 수 있다.

여기에서 말하는 '해야만 하는 일'이란 '하지 않으면 나 자신이 곤란해지는 일'을 말한다. 그런데 그런 일은 기본적으로 타인에게 종속되어 있다. 서류를 제출해야만 하고, 메일에 답장을 보내야만 하고, 휴대전화의 요금을 내야 하고……. 이런 일들은 '하지 않으면' 상대방에게서 책망을

듣거나 내게 곤란한 상황이 벌어진다. 그런데 이런 일을 해서 기쁨을 얻는 이는 내가 아닌 타인이다. 서류를 받은 사람이 기쁘고, 메일 답장을 받은 사람이 기쁘고, 휴대전화 요금을 받은 사람이 기쁘고…….

이런 일도 물론 중요하겠지만, 내 입장에서 생각해보면 제아무리 '해야만 하는 일'을 열심히 해봤자 결국 타인의 꿈을 실현하는 데 공헌할 뿐이고, 타인의 목적을 달성하는 데 부분적으로 이용당할 뿐이다.

'해야만 하는 일'에서 '하고 싶은 일'로

요컨대, 살면서 '원하는 것'을 실현하는 데 쓰는 시간을 늘리지 않으면 내 상황은 바뀌지 않는다.

당연한 말이지만, 내가 '원하는 것'은 다른 누군가가 대신 지시를 내려줄 수 없다. 그건 스스로 생각해서 결정해야 한다.

게다가 그런 일들은 반드시 지켜야 하는 마감 날짜가 있지도 않고 하지 않는다고 해서 남에게 피해가 가지도 않는다. 강제력이 없다는 뜻이다. 또한 딱히 하지 않아도 내게 곤란한 상황이 발생하지 않는다.

나는 지금 부동산 투자 사업을 한다. 이 일을 시작한 이유는 경제적인 자유를 얻기 위해 빠른 시간 안에 큰 이익을 얻고 싶었기 때문이다.

다른 사람이 부동산 투자를 하라고 시킨 것도 아니고, 언제까지 해야 한다고 기한이 정해져 있는 것도 아니다. 물론 부동산은 생활필수품이 아니어서 꼭 사지 않더라도 누군가가 곤란한 상황에 놓이지 않는다. 그저 내가 사지 않으면 그 물건을 다른 누군가가 살 뿐이다.

그러나 부동산 투자를 시작하지 않았다면 내 생활은 달라지지 않았을 것이다. 지금처럼 자유롭게 하고 싶은 일만 하면서 돈을 버는 생활도 불가능했을 것이다.

좀 더 나은 인생을 살려면 '하지 않아도 되는 일', '하지 않아도 곤란해지지 않는 일'을 해야만 한다. 이를 알아차릴 수 있느냐 아니냐가 경제적으로 탁월한 사람이 되느냐 마느냐를 결정짓는다.

당신이 당신에게 가치가 있는 일을 해내든 그렇지 않든, 시간은 계속해서 흐르고 당신은 계속해서 나이를 먹는다. 특별한 목표의식이 없어도 우리는 큰 문제 없이 살아갈 수 있다.

그러나 '해야만 하는 일'을 대폭 줄이거나 그런 일을 일찌감치 끝내고 나서 남은 시간을 '하고 싶은 일'로 메워나가면 당신의 인생은 틀림없이 더욱 즐겁고 만족스러운 형태로 바뀌게 될 것이다.

많은 사람이 시간을
소비하려고 돈을 쓴다

바쁜 사람들은 시간을 소비하기 위해서가 아니라 시간을 확보하기 위해서 돈을 쓴다.

나도 그렇다. 필요할 때마다 가사도우미와 육아도우미를 고용하고, 웹사이트의 제작과 수정, 법인회사의 결산신고와 개인 세무신고 등은 다른 회사에 맡겨서 처리한다. 나는 그렇게 번 시간에 나만이 할 수 있는 일, 내게 가치가 있는 일을 한다.

나는 텔레비전도 거의 보지 않고 음악도 잘 듣지 않는다. 게임을 하거나 영화를 보는 데도 시간을 거의 쓰지 않는다. 내가 즐기는 유흥은 해외여행 때 뮤지컬을 보거나 미술관을 찾는 정도다.

따분한 인생이라고 느낄지도 모르겠지만 사실 나는 놀이보다는 일에 더 흥미가 있다. 일을 통해 얻는 보수와 성취감이 크기 때문에 별로 좋아하지도 않는 유흥에 시간을 투자하고 싶은 마음이 없다. 실제로 사람들에게 골프나 테니스를 치는 이유를 물어보면 남들도 다 하기 때문이라고 대답하는 경우가 의외로 많다. 다른 사람을 의식해서 좋아하지 않는 일에 시간을 쏟는 것만큼 어리석은 일은 없다.

게임, 비디오, 스마트폰, 휴대용 오디오기기 등은 사실 심심풀이용 도구다. 이러한 것에 돈을 쓰는 사람들은 시간을 확보하기 위해서가 아니라 시간을 소비하기 위해 돈을 쓴다.

기업들은 소비자가 더 많은 시간을 머무르며 소비하게끔 전략을 짜고, 새로운 기기로 새로운 경험을 하게 함으로써 소비자의 충성심을 유도한다. 이 세상에는 시간을 소비하기 위해 돈을 써야 하는 상품과 서비스가 이루 다 셀 수 없을 정도로 많다.

만약 자신에게 무엇이 가치 있는 일인가를 염두에 두지 않는다면, 우리는 기업의 광고에 세뇌되어 '재미있을 것 같다'는 막연한 생각에 돈과 시간을 동시에 잃게 될 것이다.

어떤 이들은 시간을 절약하기 위해 택시를 이용하거나 가사도우미를 고용하는 것을 두고 돈이 아깝다며 피하기도 한다. 심심풀이를 위한 지출은 아깝지 않고 시간을 벌기 위한 지출은 아까운 걸까? 아니면 시간을 벌더라도 그 시간에 무엇을 해야 할지 몰라서 그러는 걸까?

물론 이것은 어느 한쪽을 고집할 수 있는 문제가 아니다. 더 합리적이라고 판단해서 그것을 선택했다면 그것대로 좋다. 하지만 아무 생각 없이 살면 기업과 공급자의 논리에 말려들 수밖에 없다.

예를 들어 보자. 양치질 후에는 구강 청결제를 써야 한다고 믿는 사람이 있다. 세안을 할 때는 세안제를 꼭 써야 한다고 생각하는 사람도 있다. 하지만 우리 몸은 이런 제품들을 필요로 하지 않는다.

한 연구 결과에 따르면, 구강 청결제를 사용하면 구강 점막에 늘 존재하는 상재균까지 없어져서 오히려 감기에 걸리기 쉽다고 한다. 이를 닦을 때는 칫솔질을 올바르게 하고 깨끗한 물로 잘 헹구기만 하면 된다.

세수할 때 세안제를 쓰면 피부에 꼭 필요한 피지까지 씻

겨나가 오히려 피부 장벽이 무너진다. 세안제를 쓰는 사람들은 이를 막으려고 각종 보습 제품을 덧바른다. 하지만 일상생활에서 세수를 하는 경우라면 미지근한 물만으로도 충분하다.

기업들은 제품을 팔기 위해 이러한 잘못된 상식을 시장에 퍼뜨린다. 이러한 상식 아닌 상식을 지키려고 돈과 시간을 쓰는 것은 참으로 아까운 일이다.

어떤 것을 소비할 때는 시간을 벌기 위한 지출인지, 시간을 소비하기 위한 지출인지 잘 따져서 선택해야 한다.

'정말로 해야 할 일'은
그 누구도 가르쳐주지 않는다

    특별한 목표나 의지가 없어도 우리는 살아갈 수 있다. 의미가 있는 무언가를 하든 안 하든 누구에게나 시간은 똑같이 흐른다.

    하지만 우리는 뿌린 것밖에 거두지 못한다. 시금치 씨를 뿌리면 시금치를 수확하게 되고, 수박 씨를 뿌리면 수박을 수확하게 된다. 씨를 뿌리지 않으면, 당연한 말이지만 아무것도 수확하지 못한다.

    그렇다면 당신은 지금 어떤 씨를 뿌리고 있는가?

    3년 후, 5년 후의 미래를 위해 당신은 지금 어떤 준비를 하고 있는가?

그 누구도 내게 어떤 씨앗을 뿌리라고 가르쳐주지 않는다. 물론 기한도 없고 재촉받는 일도 없다. 씨를 뿌리는 일은 스스로 찾고 선택해서 실천하는 수밖에 없다.

몇 년 후, 지금의 당신이 뿌린 씨앗이 또 다른 당신을 만들어낼 것이다. 미래의 결과는 현재의 원인에 의해서 만들어지니까.

씨를 뿌리지 않아도 '해야만 하는 일'은 잇달아 등장하고 그런 일들을 처리하기만 해도 하루는 빠르게 흘러간다. 아침에 일어나면 아침밥을 먹고 회사에 간다. 오전 중에는 회의나 보고서 작성에 쫓기고, 점심때가 되면 동료들과 점심밥을 먹으며 잡담을 한다. 오후에는 미팅이나 경비 정산과 같은 잡무를 볼 테고 그러면 어느새 퇴근 시간이 가까워온다. 퇴근 후에는 술자리에 나가거나 간단한 저녁밥을 사서 집에 돌아온다. 집에 오면 텔레비전을 보면서 저녁밥을 먹고 그 후에는 스마트폰으로 문자를 주고받거나 인터넷 서핑을 한다. 그리고 자정이 가까워지면 슬슬 잘 준비를 한다. 이렇게만 지내도 3년이나 5년이란 시간은 훌쩍 지나간다. 오늘 당신의 하루도 이와 비슷하지 않았나?

'해야만 하는 일'만 해도 열심히 살고 있다는 느낌을 받을 수 있다. 하지만 일상생활에서 발생하는 '해야만 하는 일'의 대부분에는 자신의 의사나 목적이 거의 반영되어 있지 않다. 이런 일은 아무리 열심히 해도 (비록 곤란한 상황은 피할 수 있겠지만) 당신의 인생을 더 나은 방향으로 바꿔주지 못한다.

그런 일만 열심히 하는 사람들은 언제나 옛날이 더 좋았다는 말을 달고 산다. 발전이 없는 이유는 자신의 의사가 담긴 일을 하지 않았기 때문이건만, 이들은 주위 사람들이 발전하는 모습을 보면서 상대적으로 자기만 퇴보한다고 위축감을 느낀다.

그럼, 어떻게 해야 할까? 매일 해야만 하는 일에 쫓겨 살아가더라도 그것을 씨 뿌리는 일로 바꿔나가야 한다. 회사에서 일을 할 때는 상대방의 기대 이상으로 일을 처리하고, 자기만의 독특한 아이디어를 접목해보기도 하고, 좀 더 효율적인 방법을 고안해서 제안해보기도 해야 한다.

그와 더불어 자신이 원하는 목표에 다가갈 수 있는 구체적인 일을 하루의 일과 속에 쏙쏙 박아 넣어야 한다.

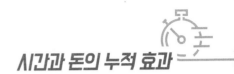

시간과 돈의 누적 효과

"바빠서 그런 걸 할 시간이 없다"고 말할지도 모르겠다. 혹은 자신의 습관에 젖어 있어서 무언가를 바꾸고 싶은 생각이 들지 않을 수도 있다.

하지만 행동의 누적 효과를 계산해보면 생각이 달라질 것이다. 그 행동을 계속하면 어느 정도로 효과가 커지는지, 그 행동을 하지 않았을 때와 얼마큼의 차이가 나는지를 상상해보는 것이다.

어깨가 자주 결려서 그 대책으로 팔굽혀펴기를 한다고 해보자. 처음 며칠 동안은 아무런 효과가 나타나지 않을 것이다. 하지만 이를 3개월간 꾸준히 하면 팔, 어깨, 가슴에

근육이 붙고, 근육 속의 모세혈관이 튼튼해져서 혈액순환이 좋아지고 자연스럽게 어깨 결림이 해소된다.

휴대전화도 마찬가지다. 우리는 아마 평생 동안 휴대전화를 쓰게 될 텐데, 서른 살부터 여든 살까지 휴대전화 요금으로 월 10만 원씩 낸다고 가정하면 평생에 걸쳐 대략 6,000만 원을 지출하게 된다. 그런데 값이 저렴한 휴대전화로 바꾸어 매달 5만 원을 덜 내면 평생에 걸쳐 약 3,000만 원이 절약되고, 그러면 이 돈을 다른 요긴한 곳에 쓸 수 있다.

서른 살부터 여든 살까지 날마다 1시간씩 텔레비전을 보는 사람은 평생에 걸쳐 대략 456일을 텔레비전 앞에서 지내게 된다. 만약 이 습관을 버리면 1년 이상의 시간을 다른 곳에 쓸 수 있다.

아주 사소한 행동일지라도 누적 결과로 따져보면 '바쁘지만 지금부터 시작해야겠다' 혹은 '관둬야겠다'라는 판단이 서게 된다.

결단을 내릴 때는
배짱이 있어야 한다

어떤 것을 한다는 말은 그것에 시간을 빼앗긴다는 말과 같다. 앞에서도 이야기했지만, 만약 어떤 것을 하느라 1시간을 소비한다면 그 시간에 해낼 수 있었던 다른 것을 버리게 된다.

"무엇을 선택하고 무엇을 버릴까?"

"돈을 들여서 시간을 살까, 아니면 시간을 들여서 돈을 살까?"

때로는 이 판단을 내리기가 매우 어렵다.

비전문가가 잘 팔릴 것 같은 재미있는 게임이나 애플리케이션을 생각해냈다고 해보자. 실제로 그것을 제작하려면 직접 프로그래밍을 배워서 제작하는 방법과 돈을 내고 전문가에게 맡기는 방법 중에서 어느 하나를 선택해야 한다.

전자의 경우에는 자신이 직접 제작 기술을 익힘으로써 자유롭게 수정하거나 버전 업이 가능하다는 이점이 있다. 제작에 필요한 것은 자기 자신뿐이므로 특별하게 많은 돈이 들지 않는다. 그래서 새로운 것을 잇달아 만들어내며 원하는 만큼 시행착오를 겪어볼 수도 있다. 혹시 완성된 게임이 잘 팔리지 않더라도 투자비용이 적은 만큼 재기하기도 쉽다.

하지만 프로그래밍 기술을 익히거나 실제로 제작하는 데 막대한 시간이 든다는 단점이 있다. 믿을 것은 자신의 노동력밖에 없으니 잘 팔린다 해도 규모를 확장하기 어렵고 수입도 뻔하다. 혼자서 다 하려면 물리적으로 한계가 있다.

한편, 후자의 경우에는 남에게 맡기고 남는 시간에 기획이나 광고에 신경을 쓸 수 있다는 장점이 있다. 잘 팔려서 이익이 나면 기술자를 고용해서 더 많은 소프트웨어를 만들 수 있고, 그러면 사업의 규모도 확대할 수 있다.

하지만 외주를 주었으므로 수정할 때마다 돈이 들 테고 자신의 생각대로 되지 않아 속을 끓일지도 모른다. 게다가 팔리지 않으면 이미 지불한 외주비가 몽땅 다 손해로 돌아온다.

이처럼 어떤 일이든 리스크(위험)와 리턴(수익)이 있기 마련이다. '어떤 위험을 감수하고 얼마큼의 수익을 기대할 것인가? 과연 어떤 선택이 옳을까?' 하는 결단은 나 자신이 내릴 수밖에 없고 그 책임도 나 자신이 질 수밖에 없다. 중요한 것은 어느 쪽을 선택하든 결단을 내릴 때는 배짱이 있어야 한다는 것이다.

시간에
투자 개념을 적용하면
수입이 계속 늘어난다

진짜 목적이 무엇인지를 되돌아본다

내가 자주 인용하는 이야기가 하나 있다.

불볕더위가 기승을 부리는 무더운 여름날에 시골길을 걷다가 맞은편에서 지팡이를 짚고 다가오는 노인을 만났다고 해보자. 노인이 "혹시 편의점이 어디에 있는지 아시오?"라고 물었다. 그런데 편의점은 2킬로미터 이상 떨어져 있어서 다리가 불편한 노인이 걸어가기에는 힘들어 보인다.

이 상황에서 당신이라면 어떻게 대답할 것인가?

사실 이 이야기는 내가 어떤 경영자의 지인에게서 받은 퀴즈다. 정답은 "편의점은 왜 찾으세요?"라고 되묻는 것이다. 만약 노인이 물을 마시거나 화장실을 가고 싶을 뿐이라면 자신이 갖고 있던 물을 줄 수도 있고, 근처에 있는 화장실을 알려주거나 자기 집이 가까우면 그 화장실을 쓰라고 배려해줄 수도 있기 때문이다.

이 이야기에서 중요한 것은 수단을 강구할 때는 '진짜 목적은 무엇인가?'를 먼저 확인해야 한다는 점이다.

'그건 당연한 거 아니야?'라는 생각이 들지도 모르겠다. 하지만 현실에서는 목적과 수단을 혼동하거나 눈에 보이는 문제만 해결하는 데 열중하는 일이 부지기수로 일어난다. 때로는 장기적인 영향을 고려하지 않고 너무 쉽게 판단을 내리기도 한다.

예컨대, 시간관리에 대해 배워볼까 하고 책을 읽었는데 그 안에 '일을 거절하라'는 말이 쓰여 있다고 해보자. 물론 상대가 단순히 심부름꾼으로 취급해서 일을 시킨다거나 그 일이 자신에게 아무런 의미가 없다면, 혹은 자신의 전문 분야가 아니어서 다른 사람이 하는 편이 더 좋은 결과가 나온다면 거절도 하나의 방법이 될 수 있다.

하지만 자신이 아직 햇병아리 상태라면 우선은 신용을 얻고 능력을 키우는 데 집중해야 할 것이다. 무엇이 중요한지를 알면 '지금은 일을 거절하지 말고 무엇이든 받아들여야 할 시기다'라는 판단이 가능해진다.

즉, 거절은 목적이 아니라 수단에 불과하다.

'야근하지 말고 정시에 퇴근하라'는 말 역시 자신의 능력이나 위치에 따라 유연하게 받아들여야 한다. 정시 퇴근에만 신경을 쓰면 동기나 후배들에게 크게 뒤처져서 정리해고를 당할 우려가 있다. 만약 그렇게 된다면 행복해지기 위해 실천했던 시간관리나 업무관리 방법이 오히려 자신의 능력을 훼손하고 깎아내리는 결과를 낳게 된다.

즉, 야근하지 않고 정시에 퇴근하는 것 역시 목적이 아니라 수단에 불과하다.

어떤 상황에서도 눈앞의 일을 처리하는 데만 급급해하지 말고 진정한 목적은 무엇인지에 초점을 두고 일의 본질을 되짚어봐야 한다.

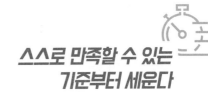

스스로 만족할 수 있는 기준부터 세운다

마찬가지로 시간관리도 수단에 지나지 않는다.

일을 한꺼번에 몰아서 처리하는 것이나 자투리 시간을 효과적으로 활용하는 것은 목적이 될 수 없다. 일을 신속히 처리하거나 노동시간을 단축하는 것 역시 목적이라 할 수 없다.

근본적으로 보면 어떤 일을 하든 진정한 목적은 '더 나은 인생'이다.

좋은 성과를 내고, 신뢰를 쌓고, 보수를 늘리고, 일을 즐기고, 사적인 시간을 누려서 풍요로운 인생을 살기 위해 우리는 시간관리를 하는 것이다.

그러므로 가장 먼저 '나는 어떻게 살고 싶은가?'에 대해 답을 내려야 한다.

자신이 생각하는 행복한 인생과 자신이 꿈꾸는 이상적인 삶이 정해져 있으면 지금 자신이 하는 일이나 그 방법이 과연 옳은지 그른지를 판단할 수 있다. 그 판단을 내릴 수 있으면 다소 어긋나거나 돌아가더라도 항상 옳은 길로 방향을 수정할 수 있다.

가치관이나 행복에 대한 정의는 사람마다 다르다. 다른 사람의 조언이나 책에 나오는 방법을 곧이곧대로 받아들이기보다는 배제할 건 배제하고 수정할 건 수정해서 자신에게 맞는 시간관리 방법을 모색해야 한다.

어느 책에도 정답은 나와 있지 않다. 인생도, 시간관리도 시행착오의 연속이다. 자신이 원하는 바를 중심으로 시간을 어떻게 사용할지에 대해 생각하고, 실천하고, 잘못되면 수정해가는 것이 자신에게 맞는 시간관리 방법을 찾는 지름길이다.

들인 시간보다
효능의 지속 기간이 중요하다

　나는 한 번의 행동으로 그 효과가 오랫동안 지속되는 일이 있다면 그 일부터 처리한다.

　일단 해두면 계속해서 이익이 발생하는 일을 먼저 처리하면 시간도 벌 수 있고 이익도 늘릴 수 있다.

　예컨대 자격증을 딴다고 해보자. 독학으로 따면 2년이 걸리고 돈을 내고 학원에 다니면 1년이 걸린다. 그러면 나는 후자를 선택한다. 비록 돈을 내더라도 1년 먼저 그 분야의 일을 시작해서 이익을 내는 것이 더 낫기 때문이다.

　이러한 관점에서 나는 새로운 사업을 시작할 때면 언제나 홈페이지부터 만든다. 요즘에는 많은 사람이 물건을 살

때 인터넷으로 먼저 검색을 해서 조사한 후에 구입 여부를 결정한다. 홈페이지를 미리 만들어두면 구입 여부를 결정하는 데 자료가 되는 정보를 제공할 수 있어서 이익을 내는 데 유리해진다. 또한, 웹사이트가 있으면 검색 엔진에 노출되어 더 많은 사람이 정보를 접할 수 있고, 소문을 퍼뜨리는 사람도 늘게 된다.

어디 그뿐인가? 검색엔진 최적화, 다시 말해서 검색엔진에서 검색이 잘 되도록 하기 위해서라도 가장 먼저 홈페이지부터 만들어야 한다. 구글이나 야후 같은 검색엔진들은 월드 와이드 웹을 탐색하는 컴퓨터 프로그램인 크롤러를 사용해서 정보를 모으는데, 이러한 정보가 반영되어 검색엔진의 상위에 오르려면 어느 정도 시간이 필요하다. 홈페이지부터 만들어두면 이러한 시간을 벌 수 있다는 장점이 있다.

나는 책을 쓰는 일도 우선해서 처리한다. 책은 출판하고 나서 시간이 지나더라도 일단 팔리기만 하면 서점에 계속 전시되기 때문에 몇 년 정도는 인세 수입을 기대할 수 있다. 또한 아마존과 같은 인터넷 서점에서는 중계자 역할을 맡아 중고책 거래를 돕기 때문에 절판이 되더라도 거의 영구적으로 독자를 확보할 수 있다. 장기간에 걸쳐서 내 책에 흥미를 느끼는 사람이 늘게 되면 증쇄하여 인세 수입을 얻을 수도 있다. 부가적 이득으로, 책을 보고 강의 요청이나 인터뷰 제의가 들어오는 장점도 있다.

　이처럼 한 번의 행동으로 그 효과가 오랫동안 지속되는 일이 있다면 그 일부터 처리해야 한다.

자신의 행동을 되돌아보고
가장 좋은 방법을 찾는다

나는 항상 평소의 내 행동을 돌아보고 만족도와 효율을 양립시킬 수 있는 가장 좋은 방법이 무엇인지를 찾는다.

예를 들면, 나는 티슈페이퍼를 자주 사용한다. 그래서 집 안 곳곳에 티슈페이퍼를 놓아두어 필요할 때마다 일일이 가지러 가는 수고를 줄인다. 책상, 주방, 식탁, 세면대, 침실에 각각 하나씩 두고 가방에는 늘 미니 티슈페이퍼를 넣어둔다. 자주 쓰는 만큼 구입할 때는 대량으로 일괄 구입한다. 그렇게 하면 일일이 보충하느라고 시간을 쓰지 않아도 되고 할인된 가격에 살 수 있으며 배송료까지 절약된다.

예전에 정장을 입고 일했을 때는 속옷→양말→와이셔

츠→정장→코트 순으로 옷장에 넣어놓고 물 흐르듯이 차례대로 옷을 입고 출근했다.

맨션이나 아파트를 빌릴 때는 엘리베이터를 기다리는 시간이나 집으로 오르락내리락 하는 수고를 줄이기 위해 소규모 맨션이나 저층 아파트를 고른다. 이런 곳은 엘리베이터 대기 시간도 짧고 원할 때는 언제든 계단을 이용할 수 있어 편하다. 엘리베이터에 탔을 때도 닫침 버튼을 먼저 누른 다음에 원하는 층수를 누르는 버릇이 있다. 반대로 하면 그만큼 시간이 걸린다.

노트북은 일일이 전원을 끄지 않고 대기모드로 설정해 둔다. 그러면 화면을 들어 올리고 약 5초만 지나면 일을 시작할 수 있다. 파일도 닫지 않고 열어두기 때문에 저장 위치를 찾아서 일일이 파일을 열어야 하는 수고를 들이지 않아도 된다.

다소 집요해 보이지만, 생활 동선이나 행동 유형을 이런 식으로 바꾸면 일상이 더욱 쾌적해지고 일 처리가 빨라진다. 또 자신이 왜 그렇게 행동하는지에 대한 이유와 기준을 명확히 인지하고 있으면 그 행동을 할 때마다 만족감도 아울러 얻게 된다.

건강관리로
시간당 수익을 늘린다

컨디션이 좋으면 집중력이 발휘되어 생산성이 올라간다. 하지만 컨디션이 좋지 않거나 질병에 걸리면 생산할 수 있는 시간을 잃게 된다. 건강 유지는 시간을 제대로 쓰는 데 빼놓을 수 없는 중요한 요소다.

건강을 생각할 때면 어김없이 등장하는 화제가 '무엇을 먹어야 할까?'이다. 하지만 나는 반대로 '무엇을 먹지 말아야 할까?'를 생각한다.

예를 들어, 편의점에서 파는 튀긴 음식은 튀긴 지 오래되어 기름이 산패했을 가능성이 있고, 방부제나 인공감미료가 많이 든 식품은 세포를 손상시켜 노화와 질병의 원인이 된다.

단일 영양소만 섭취하는 것도 문제다. 음식을 섭취할 때는 각종 비타민과 미네랄, 호르몬, 장내 환경 등 다양한 요인이 균형을 이루어야 영양소가 제대로 흡수된다.

시판되는 대부분의 건강보조식품도 무의미하다. 이러한 식품은 대개 의학적인 검증을 받지 않았거나 몸에 좋다는 근거가 부족하다. 그래서 건강보조식품에 특정 효능이나 효과가 있다고 주장하는 광고를 하면 약사법 위반으로 문제가 되는 것이다. 균형 잡힌 식사를 하면 영양이 부족해질 가능성이 낮고, 따라서 눈에 띄는 증상이 있지 않은 한 건강보조식품이나 영양제를 챙겨 먹을 필요가 없다.

요즘에는 오히려 너무 많이 먹어서 문제다. 너무 많이 먹으면 위장에 부담이 가해져서 생산성이 떨어진다. 혹은 살이 쪄서 생활습관병의 원인이 되기도 한다.

점심은 줄이거나 거를 수도 있다

아침밥이나 점심밥을 꼭 제대로 챙겨 먹어야 한다는 고정관념에 사로잡혀 있으면 '바쁘니까 빨리 먹을 수 있는 덮밥을 먹자', '오후에는 시간이 없으니까 지금 미리 점심밥을 먹어두자'와 같은 생각을 하게 된다.

하지만 그보다는 자신의 몸이 보내는 신호에 귀를 기울여야 한다. 만약 그다지 배가 고프지 않은 상태라면 굳이 당겨서 먹지 않아도 된다. 그리고 정말 바쁘다면 아무리 빨리 먹을 수 있는 메뉴를 고른다 하더라도 먹을 틈조차 나지 않는다.

사실 밥을 먹고 나서는 집중력이 필요한 일을 바로 시작하기가 어렵다. 소화되고 흡수되는 데 에너지를 빼앗겨서 몸이 나른해지기 때문이다. 그리고 이것은 오후 업무의 시작 타이밍을 늦추는 요인으로 작용한다.

만약 바쁜데 배가 고프다면 점심밥의 양을 반으로 줄이거나 카페에서 샌드위치와 커피로 가볍게 때우면 된다. 그러면 위장에 부담이 가지 않아 휴식을 취할 필요가 없어서 곧바로 일에 매진할 수 있다. 게다가 점심밥을 먹는 데 드는 시간도 줄어든다.

점심밥의 양이 줄어든 만큼 저녁때는 일찍 배가 고파진다. 공복 상태가 오래되어도 집중력이 떨어지므로 나는 이럴 때 편의점에서 삼각김밥 하나나 빵 하나를 먹는다. 먹는 데 시간도 많이 들지 않고 다시 집중력을 발휘해서 일을 하기에도 좋다.

덧붙이자면, 나는 점심을 먹으면서 미팅을 하지는 않는다. 음식을 먹다 보면 자주 이야기 흐름이 끊겨 진지한 대화를 나누기가 어렵기 때문에 몇 번 시도했다가 관두었다. 점심 미팅을 즐기는 사람들 중에는 도시락을 옆에 두고서 회의를 먼저 하고 나중에 도시락을 같이 먹거나 음식점에서 같이 식사한 후에 상을 치우고 나서 본격적으로 이야기를 나누는 사람들이 있다. 그런데 그럴 거면 처음부터 따로 식사한 후에 만나도 된다.

회의를 할 때 술자리를 겸하는 것 역시 좋지 않다. 술자리에서는 이래도 그만 저래도 그만인 이야기들이 오갈 뿐이어서 꼭 필요하다면 회의를 마치고 나서 술자리를 시작하는 게 낫다.

사는 곳을 최적화한다

사회인이 되면 자신의 의지로 자신이 살 장소를 고를 수 있다. 살 곳을 고르는 것은 자신이 이루고 싶은 삶의 방식에 대한 의사표현이기도 하다.

출퇴근 시간에 전철 안에서 자리에 앉아 책을 읽고 싶은 사람은 출발역 근처에 사는 것이 유리하고, 부모 부양을 중요하게 생각하는 사람은 부모님 댁 근처에 집을 얻는 것이 좋다. 자연에 둘러싸여 사는 삶이 행복한 사람은 교외에 집을 얻어서 고속철도를 이용해 출퇴근하면 된다.

즉, 주거지를 선택할 때는 달성하고 싶은 목적이나 살고 싶은 삶에 관한 의사가 드러나게 된다.

만약 시간을 알뜰하게 쓰고 싶다면 높은 집세를 지불해서라도 걸어서 직장에 다닐 수 있는 곳에 집을 마련해야 한다. 전철로 30분밖에 걸리지 않는다고 해도 집에서 역까지 가는 시간과 역에서 전철을 기다리는 시간까지 더하면 문에서 문까지 1시간은 잡아야 한다.

만약 회사에서 걸어서 다닐 수 있을 만큼 가까운 거리에 집이 있으면 전날 늦게 퇴근해도 다음 날 출근 직전까지 잠을 잘 수 있고, 퇴근하면 바로 집에 들어갈 수 있어서 개인 시간을 충분히 확보할 수 있다. 하루에 2시간을 번다면 1년이면 30일이다. 1년이 열두 달이 아닌 열세 달로 늘어나는 것이다.

게다가 사는 곳이 바뀌면 사귀는 사람도 달라지기 때문에 인생에 큰 변화가 일어날 수 있다.

나는 현재 일하기 편한 도심에 살고 있지만 아이의 교육과 아내의 새 사업을 위해 교외에 짓고 있는 자택 겸 임대 맨션이 완공되면 그곳으로 이사할 예정이다. 지금 사는 곳에서는 아이를 어린이집에 보내기가 어려워 아내와 내가 어쩔 수 없이 일을 줄여야 하고, 근처에 아이가 마음껏 뛰놀 수 있는 곳이 많지 않다는 아쉬움이 있다.

이에 비해 이사가 예정된 곳은 어린이집에 자리도 많고 자연이 풍부한 신흥 주택지여서 아이를 키우기에 좋다. 또한 어린아이를 둔 젊은 부부가 선호하는 곳이어서 아내가 하는 리드미크 교육 사업을 펼치기에도 알맞다.

나는 그 이후의 계획도 세워두었다. 아이가 중학교에 들어갈 즈음에는 말레이시아로 이사할 예정이다. 말레이시아는 다종교, 다민족 국가여서 아이의 어학 능력과 다양성을 기르기에 좋고 색다른 경험도 많이 할 수 있다. 아이가 독립할 즈음이면 다시 일본으로 돌아와 우리 부부의 인생에 가장 유리하다고 생각되는 곳에 집을 마련할 예정이다.

지금까지 '집세가 싸니까', '새로 지어서 깔끔하니까'와 같은 이유로 집을 골랐다면 이제부터라도 '내 이상을 실현하는 데 가장 유리한 곳은 어디일까?'를 생각해봐야 한다.

그러면 자신이 살기에 가장 적합한 환경에 대해 분명한 기준이 생기고 쉽게 판단을 내릴 수 있게 된다. 그리고 그곳으로 이사하면 새로운 환경에 맞게 시간을 사용하는 방법이 달라질 테고 인생도 서서히 바뀔 것이다.

여담이지만, 낯선 곳에서 사는 것은 우리 뇌에 매우 긍정적인 자극을 준다. 사고나 기분이 전환되어 마치 새로 태어난 듯한 느낌을 받게 된다. 아마도 많은 이가 이러한 경험을 해보았을 것이다.

물론 이런 기분전환을 위해서 그랬던 것은 아니지만, 나는 열여덟 살에 도쿄에 올라온 이후로 벌써 열한 번이나 이사한 경험이 있다.

수첩 활용법이 무의미한 이유

　나는 수첩을 체계적으로 활용하는 기술 같은 것에는 관심이 없다. 색색의 펜으로 깔끔하게 기록한들 현실에서 달라지는 것은 없기 때문이다.

　물론 복수의 프로젝트를 진행할 때는 색색의 펜이 도움이 되기도 한다. 사내 용건은 검은색, 프로젝트 A의 용건은 빨간색, 프로젝트 B의 용건은 파란색으로 구분해서 적어두면 어지간한 실수나 착각이 예방되니까.

　실제로 나 역시 사적인 약속은 검은색, 강연이나 세미나는 글자에 네모 치기, 마감은 빨간색으로 구분해놓는다. 그래서 언뜻 보면 수첩을 꽤 잘 사용하는 것처럼 보이지만,

그냥 알아보기 쉽게 구분했을 뿐 기록에 공을 들이는 것은 아니다.

사람들이 수첩에 적는 내용은 대개 다른 사람들과 한 약속이다. 이런 약속도 물론 중요하지만, 이런 것들만 기록해 놓으면 자신과의 약속을 등한시하기 쉽다.

자신이 생각하는 이상적인 모습을 실현하기 위해 자신과의 약속을 적어두는 사람은 과연 몇이나 될까? 올해는 무엇을 할지, 이번 달에는 무엇을 할지, 이번 주에는, 그리고 오늘은?

하루하루의 일과와 결과치를 꼼꼼하게 기록할 정도로 문제의식의 갖고 있어야 한다거나 삶의 동기가 강렬한 사람이 되어야 한다는 이야기는 차치하고, 적어도 '벌써 한 해가 지났네. 하지만 나는 1년 전과 달라진 것이 아무것도 없구나' 하고 한탄하는 일은 없어야 한다. 그러기 위해서라도 다른 사람들과의 약속 못지않게 자신의 목표에 집중해야 한다.

다른 사람들과의 약속을 지키는 것이 시간관리의 목표가 되어서는 안 된다. 자신이 원하는 인생을 실현하는 것이 시간관리의 목표이자 본질이다. 인생의 목표에 기반을 두

고 하루의 스케줄을 짜고, 한 달의 일정을 관리하고 일 년
의 계획을 세워야 한다. 수첩의 가장 잘 보이는 곳에 기록
해야 할 것, 스마트폰의 일정관리 프로그램에 빠지지 않고
기록해두어야 할 것은 바로 이런 것들이다.

속독이 무의미한 이유

비즈니스맨들 사이에 속독이 유행이다. 하지만 나는 속독이 필요하지 않다고 본다. 속독 기술을 익히려고 돈과 시간을 쓰는 것은 어리석은 일이다.

독서의 목적은 '사고의 틀을 깨기 위해서', '자신에게 없는 정보, 견해, 사고방식을 얻기 위해서'라고 나는 생각한다. 단순히 많은 책을 빨리 읽는 것은 독서의 목적이 아니다.

비즈니스맨들이 책을 읽는 이유는 무엇일까?

오락이나 심심풀이를 위해 소설책을 읽는 것이 아니라면 대개는 자신의 분야에서 더 능력을 발휘하고 돈을 더 잘버는 인재가 되기 위해 독서를 할 것이다. 그리고 시간을 들여서 하는 일은 모두 투자에 해당한다. 투자에는 리턴이 기대되는 법이다. 그럼, 독서를 통해 어떤 리턴을 기대할 수 있을까?

비즈니스맨들이 대화법, 문제해결, 마케팅, 시간관리 등에 관한 책을 읽는 까닭은 책의 내용을 참고로 일에서 성과를 올려 더 많은 돈을 벌기 위해서다. 성공하고 싶은 비즈니스맨이 일부러 '뇌의 기능이 저하되는 책', '읽으면 가난해지는 책' 같은 걸 고를 리 없지 않은가?

예를 들어 생각해보자. 가령 당신이 1,000억 원짜리 복권에 당첨되었다고 해보자. 현금으로 1,000억 원이 있으면 금리 1%의 정기예금에 넣어두기만 해도 연간 10억 원의 이자 수입이 생긴다. 실제로는 원천과세를 적용받아 8억 원의 이자 수입이 생기므로 이를 열두 달로 나누면 매달 6,000만 원 정도를 쓸 수 있게 된다.

자, 상상해보자. 매달 6,000만 원이 들어오면 당신은 과연 메모 활용법이니 정리기술이니 하는 책들을 읽을 것인가?

돈을 잘 버는 인재가 된다는 말은 자신에게는 없는 사고체계나 행동체계를 익혀서 이를 실생활에 활용할 줄 아는 사람이 된다는 말과 같다.

독서를 통해 이런 사람이 되려면 '이 정보는 어떤 상황에서 활용할 수 있을까?', '저자의 경험을 내게 적용하려면 어떻게 수정해야 할까?', '저자가 정말로 하려는 말이 뭘까?' 하고 저자의 주장을 자신의 상황에 대입시켜서 생각해봐야 한다.

즉, 저자의 주장을 일단 자신의 뇌로 검토하는 시간을 가져야 한다. 그런데 많은 책을 빨리 읽는 속독이 과연 무슨 도움이 될까?

몇만 시간을 들여 몇천 권을 읽더라도 사고방식이나 행동을 바꾸지 않으면 아무것도 달라지지 않는다.

단, 새로운 분야를 공부해야 할 때는 속독이 도움이 된다. 하지만 이때의 속독은 독서가 아니라 정보 조사 혹은 정보 입력이라고 불러야 옳다.

최단 시간에 전문가 수준으로
지식을 끌어올리는 방법

앞의 마지막 문단에 이어서 이야기를 해보겠다.

예컨대 영업사업이나 컨설턴트로서 새로운 분야의 고객을 상담하게 되었다면, 혹은 신규 사업으로 미지의 업계에 뛰어들게 되었다면 많은 양을 빨리 읽는 속독이 유리하다.

고객을 만나 "저도 모르겠습니다"라고 할 수는 없는 노릇이니 빠른 속도로 그 업계를 파악해서 적당한 조언이나 새로운 가치를 제안해야 하기 때문이다.

최단 시간에 전문가 수준으로 지식을 끌어올리려면 주제를 하나로 좁혀서 집중적으로 관련 책을 읽는 것이 좋다.

내가 쓰는 방법을 소개하자면, 우선 그 분야의 책을 열권 구입한다. 그리고 그 가운데 초보자를 대상으로 하는 쪽수도 적고 전체 내용도 이해하기 쉬운 책을 가장 먼저 읽는다. 일단 기초를 이해해야 다음 책을 읽을 때 그 분야의 어떤 부분을 설명하고 있는지 감이 오기 때문이다.

《알기 쉬운 ○○》, 《처음 배우는 ○○》, 《○○ 입문》과 같은 책이 좋은데, 되도록 전체 내용이 다 나와 있고 이미 검증이 끝나서 잘 팔리는 책으로 고른다.

한 분야의 문헌을 단시간에 대량으로 읽으면 지식이 축적된다. 중요한 키워드나 항목은 어느 책에서나 반복되므로 따로 외우지 않아도 저절로 기억에 남는다.

지식이 쌓이기 시작하면 다음 책으로 넘어갔을 때 중복된 내용이나 이미 입력된 정보는 건너뛸 수 있게 된다. 그러면 새로운 정보만 습득하면 되므로 갈수록 독서 속도가 빨라진다. 짧은 시간에 많이 읽을수록 기억에 남는 내용도 많아지고 건너뛰는 양도 많아진다.

책을 어느 정도 읽었다면 이번에는 그 업계의 신문이나 잡지에 실린 기사를 찾아서 가능한 한 많이 읽는다. 책에는 저자의 가치관이나 저자가 분석한 내용이 주로 나와 있지만, 신문이나 잡지에는 실무 수준에 가까운 기사가 풍부하게 실려 있어서 현장에서 쓸 수 있는 생생한 정보를 얻을 수 있다.

이렇게 해서 많은 양의 내용을 소화하면 뇌에 '이건 이런 이야기구나', '이 분야에는 이런 화제가 있구나' 하는 인덱스가 만들어진다. 그러면 새로운 정보를 접해도 그것이 무엇에 관한 내용인지 빠르게 이해할 수 있다.

이때 '내가 만약 컨설턴트라면 기존 기업에 어떤 조언을 할 수 있을까?' 하며 상상하며 읽으면 전체 내용을 구조화하여 이해하는 데 도움이 된다.

예컨대, '이 분야에서 눈여겨봐야 할 중요한 요소는 두 가지입니다. 각 요소에 대해 저희 회사가 제공할 수 있는 서비스는 이렇습니다' 하고 머릿속에서 역할극을 해보는 것이다.

이런 과정을 거치면 '경험치×독서량'의 누적 효과가 나타나 해당 업계 사람들과 일정한 수준 이상의 대화를 나눌 수 있게 된다.

완성된 결과물은
몇 번이고 다시 쓸 수 있다

공들여 작성한 자료나 글, 새로 알게 된 지식 등을 한 번만 활용하는 것은 매우 아까운 일이다. 매번 백지상태에서 자료를 작성하기는 힘들므로 기존의 것들을 돌려쓰면 그만큼 시간과 품이 절약된다.

제안서도 그렇다. 기본 양식은 비슷하므로 제안처에 맞춰서 조금만 수정하면 얼마든지 다시 사용할 수 있다. 이쪽 거래처에서 사용했던 자료를 저쪽 거래처와 이야기할 때 활용하는 방법도 있다.

평소 자신이 가지고 있는 모든 자료에 대해 '이건 이런 상황에서 이렇게 활용하면 되겠구나' 하는 생각을 해두면 새롭게 어떤 자료를 만들어야 할 때 '아, 그 자료의 그 부분을 써야겠다' 하는 아이디어가 쉽게 떠오른다.

나는 글을 쓸 때가 매우 많다. 책과 칼럼을 쓰고 정기적으로 메일 매거진(유료·무료)도 발행한다. 이런 글을 매번 백지상태에서 쓰기 시작하면 시간도, 품도 무척 많이 든다. 그래서 나는 책을 내기 위해 원고를 썼는데 만약 실리지 못한 부분이 있으면 이를 인터넷 칼럼이나 메일 매거진에 실어 공개한다. 이렇게 하면 이미 작성한 글과 그 글을 작성하느라 들인 시간이며 품을 그냥 날려버리지 않고 활용할 수 있다.

강연 자료도 마찬가지다. 완전히 새로운 주제라면 처음부터 만들어야 하지만, 그렇지 않으면 기존에 만들어두었던 자료를 십분 활용한다. 사실 내게는 몇백 권에 달하는 강연 자료가 있다. 기존의 강연과 비슷한 주제의 강연 의뢰가 들어오면 기존 자료에서 쓸 수 있는 것들을 골라서 순서를 재배치하거나 새로운 슬라이드를 넣어 완전히 새로운 (것처럼 보이는) 자료로 재탄생시킨다.

기존 자료를 많이 이용하기 위해서라도 나는 폴더 관리만큼은 깐깐하게 하는 편이다. 요즘에는 검색 기능이 좋아서 적절하게 분류하고 보존해두면 찾는 것은 금방이다. 그래도 하위 폴더가 많으면 자료를 찾는 데 시간이 걸리므로 폴더 관리는 2단계 이하로 정해둔다.

정보를 효율적으로 모으려면
질문을 잘해야 한다

책이나 잡지, 인터넷 등에서 정보를 모으기는 매우 쉽다. 《구글 검색만으로 부자가 되는 방법》이라는 책을 냈을 정도로, 나 역시 인터넷 검색의 중요성을 깊이 인식하고 있다.

하지만 정말로 중요한 정보는 현장에 있다. 현장의 정보를 모으려면 직접 찾아가서 눈으로 확인하고 현장 사람들의 이야기를 들어야 한다.

현장 사람들에게서 유용한 정보를 끄집어내고, 중립적이고 객관적인 시선으로 문제를 파악하고, 최적의 해결방법을 모색하기 위해서는 자신의 선입관과 고정관념, 고집과 호불호는 일단 옆으로 미뤄두어야 한다.

가령 "세금이 왜 이렇게 높다고 생각하십니까?"라는 질문에는 세금이 높다는 전제가 깔려 있다. 이렇게 자신의 일방적인 선입관에 기초하여 질문을 던지면 객관적인 정보를 얻을 수 없다. 질문을 던질 때는 항상 '저는 아무것도 모르니 알려주십시오'라는 자세로 임해야 한다. 자신이 잘 모르는 분야라면 더욱 그렇다.

물론 실제로 무지한 상태로 임해도 좋다는 뜻은 아니다. 취재든 인터뷰든 상담이든 사전에 관련 지식을 충분히 알아두지 않으면 질문의 초점이 어긋날 수밖에 없다.

먼저 관련 지식을 습득한 뒤 그것을 토대로 일차 가설을 세워야 한다. 그리고 이 가설을 현장 사람들에게 던져서 실정과 어떤 차이가 있는지, 현장에서는 어떤 생각을 하고 있는지 알아보아야 한다.

"이러한 문제가 일어날 수 있습니까?", "이런 일도 있습니까?", "이걸 이렇게 변경하면 어떤 일이 일어날까요?" 등과 같이 자신의 예측과 상대방의 니즈를 조율할 수 있는 질문을 던진다.

그러면 상대방도 "네, 사실은 지금 그 때문에 곤란해하고 있습니다", "아직 그런 일이 발생한 적은 없지만 가능한 일이기는 합니다", "그렇게 하려면 큰 비용이 듭니다"와 같은 반응을 보일 것이다.

이렇게 자신이 예측한 일차 가설을 토대로 질문을 던져서 상대방과 사전에 적절한 이야기를 나누면 예상하지 못한 시행착오를 겪거나 재작업을 거치지 않고 원활하게 일을 진행시킬 수 있다.

적절한 질문이 적절한 답을 유도한다. 요점을 파악한 적절한 질문은 일의 효율을 높이고 좋은 결과로 이어진다. 이때 명심해야 할 것은 자신의 선입관과 고정관념을 버리고 열린 마음을 갖는 것이다.

3장

시간을 투자하기 위해 그 밑천을 만드는 방법

평가기준과 우선순위를 정해두면 의사결정 속도가 빨라진다

두 가지 중에서 어떤 것을 선택해야 하는데 한참을 망설인 끝에 결국 어느 쪽으로도 결정을 내리지 못했던 경험이 있는가?

의사결정에 시간이 걸리는 이유 중 하나는 자신의 평가기준이 명확하지 않거나 평가기준의 우선순위가 애매하기 때문이다.

예를 들어, 집을 구입한다고 해보자. 가격, 역에서의 거리, 넓이, 주변 환경 등 여러 조건 사이에 우선순위가 매겨져 있으면 후보지 중에서 어느 집이 더 나은지 빠른 속도로 결정을 내릴 수 있다.

하지만 '이왕이면 신축 건물', '내가 가진 금액으로 살 수 있는 집'과 같은 애매한 기준을 가지고 있으면 수많은 신축 건물을 열심히 돌아다녀봤자 나중에는 다 똑같아 보여서 결정을 내리기가 쉽지 않다. 그러면 피곤해져서 집을 사겠다는 열정도 식고, 심한 경우에는 아무 집이나 고르거나 아예 포기하는 사태에 이르게 된다. 집을 알아보는 데 들였던 시간과 노동이 헛수고로 돌아가는 것이다.

인재를 채용할 때도 마찬가지다. 평가기준과 우선순위가 명확하면 단시간에 만족도가 높은 의사결정을 내릴 수 있다.

예전에 내가 다녔던 외자계 기업이 그랬다. 신입사원을 채용할 때는 논리력, 지원 동기의 설득력, 장래 비전의 명확성 등 7개 항목에 걸쳐 평가기준이 마련되어 있었고, 각각 10점 만점으로 채점했다. 그리고 논리력은 20%, 지원 동기의 설득력은 10% 등 각 평가기준마다 비중을 달리하여 석차를 매겼다. 경력사원을 뽑을 때는 비중을 달리해서 석차를 매기지는 않았지만 대신 매우 중요한 평가기준이 있었다. 바로 "이 사람과 함께 일하고 싶은가?"였다.

평가기준과 우선순위를 세워두어야 하는 이유는 또 있다.

여러 방면에서 의사결정을 해야 하는 자리에 있는 사람이 만약 자신의 취향이나 직감만 믿고 판단을 내리면 나중에 "도대체 왜 이런 판단을 내렸습니까?" 하고 비판받을 우려가 있다. 평가기준과 그 우선순위를 분명하게 정해두면 "이런 기준에서 합리적이라고 생각하여 결정했습니다" 하고 주위 사람들에게 근거를 제시할 수 있고, 주위 사람들 역시 그 판단을 쉽게 수긍하게 된다.

우선순위의 판단기준은 게인과 페인

그렇다면 어떤 일을 우선해서 처리해야 할까? 나는 이것을 결정할 때 '게인gain인가, 페인pain인가?'를 따진다.

게인은 이익·수익이라는 뜻으로, '이 일을 하면 이익을 낼 수 있다(혹은 더 벌 수 있다)', '이 일을 하면 비용을 줄일 수 있다'라고 판단되는 일을 말한다.

페인은 원래 고통이라는 뜻이지만 여기에서는 '이 일을 하지 않으면 손실을 입는다'라고 판단되는 일을 말한다. 예컨대, 상대방을 화나게 만드는 일, 평판이 깎이는 일, 신용을 잃게 되는 일, 지금 하지 않으면 나중에 쓸데없는 품을 더 들여야 하는 일 등이 페인에 해당한다.

그럼 게인과 페인 중 어느 쪽을 우선해야 할까? 나는 그 영향력의 크기와 영향을 받는 시간의 길이로 우선순위를 정한다.

나는 지금 부동산 투자 사업을 하고 있으므로 누군가가 부동산을 구입하고 싶다고 의사를 밝혀오면 그 일을 가장 먼저 처리하고, 단순한 문의 메일에 답장하는 것은 오후 일정으로 돌린다.

부동산은 본래 거래 금액이 커서 나중에 클레임이 들어오면 처리하기가 꽤 성가시다. 그래서 그런 안건은 즉시 처리하고 부하직원과의 상담이나 회의는 상황을 봐서 빈 시간에 처리한다.

만약 회사원이라면 고객접대는 게인에 해당하므로 그 일을 가장 먼저 하고, 이어서 페인 중에서 영향력이 가장 큰 일부터 우선해서 처리하는 편이 좋다.

단, 앞에서 언급했듯이 진정으로 우선해야 할 일은 미래에 게인이 되는 일이다. 페인에 해당하는 일은 기본적으로 '해야만 하는 일'이 대부분이기 때문이다.

좋아하는 일이나
잘하는 일을 선택한다

집중할 수 있으면 그 일을 해내는 속도가 빨라진다. 효율이 높아지고 좋은 결실을 보게 되어 보람과 즐거움도 느낄수 있다.

이러한 상황을 손에 넣으려면 역시 자신이 좋아하는 일을 해야 한다.

좋아하는 일을 하면 고된 과정도 괴롭게 느껴지지 않는다. 머뭇거리지 않고 바로 도전할 수 있고, 많은 시간을 쏟아부어도 스트레스가 쌓이지 않는다. 열정과 에너지가 넘쳐 도중에 벽에 부딪히더라도 쉽게 포기할 마음이 들지 않는다. 열중하게 되고 집중하는 시간도 길다. 자연히 능력도 향상되어 우수한 실적을 내는 인재로 성장할 수 있다. 일이 즐거우면 하루하루가 즐겁다.

이런 이유로 나는 시간관리 스킬을 익히기 전에 지금 자신이 하는 일을 좋아하든지, 아니면 좋아하는 일을 선택해야 한다고 생각한다.

물론 실제로 해보지 않으면 그 일을 좋아할 수 있을지 어떨지 알 수 없고, 무슨 일이든 일정 수준을 넘겨야 진정한 즐거움을 찾을 수 있다.

그런 의미에서 20대에는 좋아하는 일만 가려서 하지 말고 자신에게 주어진 일이면 일단 무엇이든 해보는 것이 중요하다. 그렇게 20대를 보내고 30대 이후가 되면 그때는 자신이 잘하거나 좋아하는 일을 해야 한다. 마음에도 없는 일을 계속하면 생산성도 올라가지 않고 당연히 좋은 결실도 보지 못하게 될 테니까.

만약 원하는 일을 찾았다면 비록 연수입이 지금보다 낮더라도 이직해야 한다. 아니, 오히려 낮은 임금에서 출발하는 것이 더 바람직하다.

처음부터 좋은 대우를 받고 이직하면 주위 사람들로부터 '저 사람은 도대체 능력이 어느 정도이기에 저렇게 많이 받아?'라는 곱지 않은 시선을 받게 될 것이다. 하지만 적은 월급에서 시작해 인정받고 승진하는 과정을 밟으면 질투 어린 시선도 받지 않고 자신의 자리를 단단히 굳히기에도 좋다.

바쁜 상사를 붙잡는 기술

유능한 상사일수록 바빠서 자리를 지키고 있는 시간이 짧다. 그래서 "말씀드릴 일이 있는데 괜찮으십니까?" 하고 물어도 "지금은 바쁘니까 나중에 합시다" 하고 다른 일을 처리하러 나가는 경우가 부지기수다.

정해진 회의 시간에 보고하거나 결재서류를 책상 위에 올려두면 되지 않느냐고 말할지도 모르겠다. 하지만 일을 하다 보면 급하게 처리해야 할 안건이 빈번하게 발생해서 무작정 기다리고만 있다가는 업무에 차질이 생길 수 있다.

자신이 맡은 업무를 신속하게 처리하고 싶다면 바쁜 상사를 붙들 수 있는 몇 가지 기술을 알아두자.

기억할 것은 "1분이면 됩니다"라는 말로 시작해야 한다는 점이다. "잠깐 괜찮으십니까?"라는 말로 시작하면 상사는 얼마만큼 시간을 내줘야 할지 몰라서 나중에 보고하라고 뒤로 미루기 십상이다. 하지만 '1분'이라고 하면 대부분의 사람은 흔쾌히 시간을 내준다.

대화 기술 중에 엘리베이터 토크^{elevator talk}라는 것이 있다. 잠깐의 시간도 내기 힘든 바쁜 사람에게 엘리베이터를 타고 있는 15초 동안에 핵심만 설명하고 답을 받아내는 기술을 말한다.

상사가 외출하려고 자리에서 일어나면 바로 쫓아가 같이 엘리베이터를 타고 현관으로 나가는 그 시간을 이용해 업무를 보고하거나 확인, 결재, 판단을 받아내자.

혹은 상사가 화장실에 갈 때 쫓아가서 옆 칸에 들어가 볼일을 보는 척하며 이야기할 수도 있다.

단, 이렇게 짧은 시간을 이용하려면 전달사항을 머릿속에 완전히 숙지하고 있어야 한다. 10초 안에 설명하지 못하면 결론부터 말하라거나 다음에 다시 보고하라는 소리를 듣게 될 것이다.

만약 엘리베이터 토크가 불가능한 상태라면 상대방과

메일을 주고받는 단계에서 CC^{carbon copy, 참조} 혹은 BCC^{blind carbon copy, 숨은 참조}를 걸어 보고하는 방법도 있다. 그러면 문제가 생겼을 때 경위 설명을 생략하고 바로 조언을 구하거나 결재를 받을 수 있다.

단, 무엇이든 CC를 걸어 상사에게 메일을 보내면 상사는 '또 보냈어?' 하고 자세히 읽지 않고 넘길 것이다. 상사에게 보내는 메일은 복잡한 안건이나 클레임 안건, 관계자와 이해관계가 상충하는 안건 등으로 폭을 좁히는 편이 좋다.

의견이 엇갈리면 장단점을 분석해서 제3안을 찾는다

의견이 둘로 갈려서 좀처럼 결론이 나지 않는 상황을 맞닥뜨린 적이 있을 것이다. 양쪽 이야기가 다 타당해서 어느 쪽으로도 기울어지지 않는 그런 상황 말이다.

이럴 때는 '장단점 분석'을 해보자.

장단점 분석이란 각각의 의견에 어떤 장점과 어떤 단점이 있는지 나열해보고, 이를 토대로 메리트merit, 이점이나 해볼 만한 가치와 디메리트demerit, 결점이나 약점를 객관적으로 분석해서 최종적으로 어느 한쪽의 안건을 채택하거나 쌍방의 좋은 부분을 취해서 제3안을 도출해내는 방법을 말한다.

다소 극단적인 예인데, 사원 여행의 여행지를 결정하는

회의에서 남성 사원들은 온천을 주장하고 여성 사원들은 해변의 리조트를 주장한다고 해보자. 양쪽의 주장이 매우 팽팽하다.

이런 경우, 온천 파는 리조트의 장점을 열거하고 온천의 단점을 열거하면 된다. 리조트 파는 온천의 장점을 열거하고 리조트의 단점을 열거하면 된다.

즉, 상대 쪽의 장점과 자기 쪽의 단점을 생각해봄으로써 감정적으로 흐르거나 억지를 쓰는 상황을 피하고 더욱 객관적인 관점으로 양쪽의 주장을 서로 검토하게끔 하는 것이다.

이때 지켜야 할 규칙은 두 가지다. 상대 쪽 주장에 장점이 없다거나 자기 쪽 주장에 단점이 없다는 발언은 할 수 없고, 반드시 일정 수 이상의 의견을 내야 한다.

이런 과정을 몇 차례 거치면 팽팽하게 맞서던 양쪽의 기세가 누그러지면서 '해변의 온천'이나 '온천이 있는 리조트'와 같이 쌍방이 수긍할 수 있는 결론에 이를 가능성이 커진다.

물론 이렇게 원활하게 흐르지 않을 수도 있다. 하지만 상대 쪽 주장의 우수한 점과 자기 쪽 주장의 결점을 들여다보는 것은 객관적이고 논리적인 관점을 갖는 데 좋은 훈련이 된다.

고민만 하지 말고
문제해결 방법을 생각한다

요즘 일본에서는 '노후파산', '노후난민', '하류노인' 같은
말이 유행하면서 많은 사람이 노후의 경제 상황에 대해 불
안해하고 있다.

하지만 걱정하는 일의 90%는 일어나지 않는다는 미국
의 연구 결과도 있고, 계속 고민만 해봐야 사태는 개선되지
않는다. 대책 없이 고민만 하는 것은 그야말로 시간 낭비에
기력만 빼앗기는 일이다.

중요한 것은 고민이 아니라 그 문제의 본질을 파헤치는
것이다. 그렇게 하면 해야 할 과제가 드러나고 해결 방법을
모색하게 된다. 남은 일은 문제를 해결하기 위해 행동하는

것뿐이다.

　노후파산은 '돈'의 문제가 핵심이다. 불안의 정체가 돈이라면 연금회사를 방문해서 자신이 원하는 노후의 생활수준을 유지하는 데 필요한 연금 지급액을 계산해본다. 확정 추렴 연금, 개인 연금, 양로 보험 등 자신의 상황에 맞는 상품을 알아보고, 정년퇴직 후에도 일을 계속할 수 있도록 지금부터 부업을 시작한다.

　아이가 등교를 거부해서 고민인 경우도 그렇다. 큰일이라고 끙끙대지만 말고 아이가 왜 학교에 가기 싫어하는지 원인을 찾아야 한다. 괴롭힘을 당하고 있다면 선생님과 상의하거나 전학을 고려해볼 수 있다. 공부에 흥미가 없기 때문이라면 어떻게 하면 공부가 재미있어질지 아이와 함께 이야기를 나눠본다. 꼭 학교에 다니지 않아도 된다는 생각이 들면 인가는 받지 않았지만 아이들이 공부 스트레스 없이 편안히 다닐 수 있는 대안학교도 많으니 그런 학교로 옮긴다. 꼭 의무교육을 받지 않아도, 대학에 들어가지 않아도 살아가는 길은 많다. 삶의 방식은 우리가 생각하는 것보다 훨씬 다양하다.

　이렇게 고민을 과제로 바꾸어서 해결 방법을 찾으면 살

면서 일어나는 문제 대부분을 해결할 수 있다.

만약 그 해결 방법을 찾기는 했는데 실행할 수 없다면 그건 그보다 더 중요한 다른 무언가를 선택했다는 뜻이다.

예컨대 '회사 사람들이 다 마음에 안 들어. 나와의 관계도 좋지 않고. 하지만 이직은 할 수 없어'와 같은 상황이라면 이직의 리스크와 리턴보다 지금의 직장에서 참는 쪽을 우선시했다는 뜻이 된다. 그렇다면 지금의 직장에서 불만을 토로하며 괴로워해봤자 시간과 기력만 빼앗길 뿐 아무런 도움이 되지 않는다. 자신의 선택을 솔직히 인정하고 상황을 받아들이는 것이 현명하다.

생산성이 떨어지는 회의, 어떻게 바꿔야 할까?

조직이 커질수록 혹은 맡은 직책이 올라갈수록 회의도 늘어난다. 그래서 월요일은 종일토록 회의만 하는 사람도 적지 않다.

그런데 회의를 하는 시간에는 기본적으로 수익이 발생하지 않는다. 참석자 전원의 시급을 합산하면 회의에 드는 비용cost도 적다고 할 수 없다. 회의는 사람들의 시간만 빼앗는 것이 아니라 경제적으로도 손해다. 그러므로 회의를 해야 한다면 횟수를 줄이거나 단시간에 끝내야 한다.

예컨대, 나는 회사에서 정보 공유를 위한 회의를 주 1회만 연다. 시간도 30분을 넘지 않도록 못 박아두었다. 다른 여러 논의는 15분 정도의 짧은 미팅으로 해결한다.

만약 자신이 회의의 주도권을 가질 수 없는 자리에 있다면 회의가 효율적으로 운영되도록 돕거나 그러한 안건을 제시해서 시간과 품의 낭비를 최대한으로 줄이려고 노력해야 한다.

회의에는 다음의 세 종류가 있다.
① 전달·공유를 위한 회의
② 판단이나 결단 등 의사결정을 위한 회의
③ 아이디어 회의

가장 비효율적이고 생산성이 떨어지기 쉬운 회의가 ①전달·공유를 위한 회의다. 어떤 사항을 지시하거나 꼭 알려야 하는 일이 있을 때는 회의를 해야겠지만, 자신의 업무도 아닌 다른 부서의 보고나 이미 아는 내용을 공유하기 위해 자리에 앉아 있어야 하는 것은 꽤 지루하고 불필요한 일이다.

물론 사내의 여러 움직임 을 파악할 수 있다는 장점이 있기는 하지만 경험을 쌓아서 사내 사정에 통달하게 되면 그러한 회의가 아니더라도 얼마든지 상황을 파악할 수 있다.

하지만 지루하고 득이 될 것이 없는 회의라고 해서 무작정 빠질 수도 없는 노릇이다. 이런 경우에는 시간을 낭비하지 않기 위해서라도, 회의에서 어떤 정보나 보고 내용이 나오면 나만의 컨설팅을 해보는 것이 어떨까?

나만의 컨설팅이란 회의에 올라온 안건에 대해 '내가 경영 컨설턴트라면……'이라는 가정을 세워놓고 다른 사람에게 어떤 조언을 해줄지, 어떤 의견을 내놓을지 마음속으로 시뮬레이션하는 것을 말한다. '나는 이렇게 생각하는데……', '나라면 이렇게 하겠어' 하고 반론도 제시하고 대안도 내놓다 보면 논리적인 사고가 길러질 뿐만 아니라 한 단계 높은 시점에서 경영에 대해 생각하는 훈련이 되기도 한다. 길게 말했지만, 요컨대 회의 시간에 자신을 위해 딴 생각을 하자는 이야기다.

②의 판단이나 결단 등 의사결정을 위한 회의를 할 때 유의할 것은 참여 인원수를 줄이고, 사전에 의제를 알리고, 부서 간의 이해가 대립하는 사안은 미리 의논하고 절충해서 회의 자리에 나오도록 해야 한다는 것이다.

회의에 참석하는 사람 수가 많으면 각자의 상황에 맞춰

서 내놓은 여러 의견이 부딪히기 때문에 이야기가 초점을 빗나가거나 좀처럼 의견이 좁혀지지 않아 난항에 빠질 우려가 있다. 사전에 의제를 알려주지 않으면 회의 자리에서 결론을 내지 못하거나 각자 부서로 돌아가서 논의를 한 후에 다시 모여야 하는 상황이 벌어질 수 있다. 부서 간의 이해관계가 팽팽하게 맞서 있는 상태로 회의를 열면 서로 반대만 하면서 대립하다 시간을 허비하게 될 수 있다.

③의 아이디어 회의에서 중요한 것은 앞에서 말한 ②의 조건에 더해서 회의를 하는 목적을 공유하고 비판이 아닌 대안을 내놓아야 한다는 것이다. 그리고 회의 내용을 모두가 볼 수 있게 화이트보드에 적어가면서 진행해야 한다.

목적을 공유하란 말은 '이 회의에서 우리는 무엇을 얻으려고 하는가?'를 모두가 인식하고 있어야 한다는 뜻이다. 여러 아이디어 중에서 최선책을 결정하기 위해 모였는지, 업무 내용을 조정하고 새롭게 분담하기 위해서 모였는지, 문제를 해결하기 위해서 모였는지……. 만약 회의 목적이 문제해결이라면 최종적으로 '누가, 언제까지, 무엇을 하는가?' 하는 부분까지 회의에 반영하는 것이 좋다.

비판이 아닌 대안을 내놓아야 한다는 말은 그 안건이 불가능한 이유를 찾는 것이 아니라, 어떻게 하면 가능해지는지를 생각해야 한다는 말과 같다. 이는 ①과 ②의 회의를 할 때는 물론이고, 일을 하는 사람으로서 가져야 할 보편적이고 중요한 자세다.

사람들은 누가 무슨 말을 하면 "에이, 그건 힘들어", "그러다 ○○이 되면 어떻게 해?", "누가 책임질 거야?" 하고 감정적으로 반발하기 쉽다. 하지만 상대를 비판하고 그 일이 불가능한 이유만 찾아서는 아무런 발전이 없다. 비판은 어린아이도 할 수 있다. 상대방의 의견에 브레이크를 걸 생각이라면 "그건 이러한 이유에서 어렵다고 생각합니다. 대신 이렇게 해보면 어떻겠습니까?" 하고 대안을 같이 제시해야 한다.

화이트보드에 쓰면서 논의해야 하는 이유는 회의에 참석한 모든 사람이 같은 논점을 같은 속도로 같은 맥락으로 이해하는 데 도움이 되기 때문이다. 회의가 아니라 남에게 어떤 설명을 할 때도 마찬가지다. 노트나 종이에 핵심 내용을 쓰면서 이야기하면 자신의 의도대로 원활하게 이야기를 끌고 갈 수 있고, 상대방도 내용을 파악하기 쉬워서 질문의

포인트가 명확해진다. 그리고 화이트보드의 내용을 스마트폰으로 찍어서 공유하면 그 사진이 그대로 의사기록으로 남기 때문에 수고를 최소한으로 줄일 수 있다.

자신이 회의를 주관하지 못하더라도 이러한 것들을 유념하고 있으면 회의의 질을 어느 정도는 컨트롤할 수 있다. 회의 진행이 효율적이면 꼭 필요한 내용을 밀도 있게 나눌 수 있어서 시간도 단축되고, 그 단축된 시간에 많은 내용을 소화할 수 있다.

만약 자신이 회의를 주관할 수 있는 권한이 있는 사람이라면 직접 만나기보다 메일로 대체해서 회의의 횟수를 줄이거나 회의를 시작할 때 "1시간 안에 끝냅시다"하고 말해서 데드라인을 설정하는 등 회의의 생산성을 높일 운영 방법을 염두에 두어야 한다.

IT 도구를
자유자재로 구사한다

IT(정보통신기술)에 능숙해지면 불편했던 것이 편리해지고 어려웠던 것이 쉬워져서 시간을 더욱 효율적으로 사용하는 데 도움이 된다.

기계에 흥미가 없어서 안 한다는 사람도 있고 귀찮을 것 같다며 하기도 전에 고개를 젓는 사람도 있겠지만, 생산성을 높이려면 긍정적인 태도로 문명의 이기를 활용하는 것이 좋다.

그래서 이번에는 내가 쓰는 IT 도구들을 소개하려 한다. 내가 개인적으로 편리하다고 생각에서 쓰는 도구들이므로 어디까지나 참고용으로만 읽어주기 바란다.

컴퓨터는 한 대로 통일

내가 일할 때 쓰는 컴퓨터는 파나소닉에서 나온 태블릿 PC 레츠노트Let's Note로, 모니터를 뒤집으면 태블릿으로 사용할 수 있는 노트북이다.

회사용과 개인용 컴퓨터를 따로 쓰고 그 둘의 기종이 다르면 키보드 크기나 화살표 단추의 위치 등이 달라서 키보드를 다루는 속도가 떨어지거나 오타가 많아진다. 나는 그런 비효율을 없애기 위해 회사에서나 집에서나 오직 레츠노트 한 대만 사용한다.

컴퓨터를 한 대로 통일하면 새 컴퓨터를 사더라도 금방 익숙해지고, 키보드 위치나 터치감이 동일하기 때문에 사용 속도가 빨라진다.

또한, 회사 업무를 집에서 처리하기 위해 파일을 공유하거나 즐겨 찾는 웹사이트를 공유하지 않아도 된다. 사용하는 컴퓨터에 이미 모든 자료가 담겨 있으므로 데이터를 보존하고 공유하기 위해 클라우드 서비스를 이용할 필요도 없다.

클라우드 서비스는 몇 가지 불편한 점이 있다. 인터넷이 연결되지 않으면 사용할 수 없고, 다운로드나 업로드에 시간을 들여야 할 때도 있고, 일정 용량을 초과하면 돈을 내야 하고, ID와 패스워드 관리에 신경을 써야 하고, 서비스를 제공하는 기업의 상황이 좋지 못하면 갑자기 서비스가 종료되어 데이터 이동이 번거로워진다는 것이다.

안전이나 보안 등의 문제로 회사에서 개인용 컴퓨터를 쓰지 말라고 규정했다면 어쩔 수 없겠지만, 늘 들고 다녀야 하는 번거로움을 감수하더라도 컴퓨터는 한 대로 통일하는 것이 훨씬 효율적이다.

자동 백업

하지만 컴퓨터를 한 대로 통일하면 아무래도 기기에 문제가 생겼을 때 업무를 보지 못한다는 위험이 있다. 사용 시간도 길고 계속 들고 다녀야 하므로 이런저런 충격에 노출되기도 한다. 모든 데이터가 들어 있으니 무방비 상태에서 고장이 나거나 잃어버리면 그것으로 끝이다.

나는 이러한 상황을 막기 위해 1주일에 한 번 자료를 백업한다. 멀티미디어 독에 휴대용 하드디스크를 연결해서 잠자는 동안 자동으로 백업되도록 설정해두면 따로 시간을 내지 않아도 자료를 안전하게 보관할 수 있다.

집에서는 큰 화면으로

멀티미디어 독은 매우 편리하다. 노트북의 USB포트에
선 하나만 연결하면 이 독에 연결되어 있는 마우스, 하드디
스크, 액정 모니터, 스피커를 바로 사용할 수 있다. 외출할
때는 마찬가지로 선 하나만 빼면 된다.

내가 집에서 보는 주요 업무는 인터넷 검색이다. 이를 위
해 나는 화면이 큰 액정 모니터를 노트북에 연결해서 사용
한다. 검색 중에는 복수의 웹사이트를 동시에 열어둘 때가
많아서 화면이 커야 알아보기도 쉽고 편리하다. 모니터만
따로 사면 가격도 그다지 비싸지 않다.

키보드는 필수

비록 태블릿 PC를 쓰고 있지만 역시 입력할 때나 검색
할 때는 키보드를 이용하는 편이 빠르다. 터치패드는 아무
래도 좀 번거로운 느낌이 있어서 부득이하게 전철에서 서
서 작업해야 할 때를 제외하고는 태블릿 모드로 바꾸지 않
는다.

스마트폰이나 태블릿의 터치패드에 익숙해져 있는 사람
은 키보드의 필요성을 느끼지 못하겠지만, 내 경우에는 화

면에서 직접 입력하는 속도가 생각의 속도에 미치지 못해 답답할 때가 있다.

한 키에 복수의 문자를 그룹화해 입력하는 플릭Flick 방식을 사용하면 터치패드를 사용해도 입력 속도를 높일 수 있다. 내 아내도 그 방식으로 빠르게 입력하여 스마트폰만으로 업무를 본다. 하지만 나는 아직 익숙하지 않아서인지 그런 방식을 그다지 좋아하지 않아서인지, 아직 키보드가 더 편하다.

구입할 때는 최신 구모델 제품으로

나는 동영상 작업을 할 때가 많아서 2~3년마다 성능이 좋은 새 노트북으로 바꾼다. 쓰던 노트북은 중고로 팔아서 새 제품을 사는 데 보탠다.

단, 최신 모델은 거의 구입하지 않는다. 나는 주로 최신형이 나와서 구모델이 된 제품을 선택한다. 여름에 새 모델이 나오면 전년도 겨울 모델을 사는 식이다.

이렇게 하면 신제품과 성능은 비슷하지만 값이 눈에 띄게 저렴해져서 가성비가 좋아진다. 가격 대비 성능이 좋으니 새로 구입하는 데 망설일 이유도 없다.

그리고 데이터 이전 소프트웨어를 이용하면 기존의 작업 환경을 그대로 새 컴퓨터에 옮길 수 있어 편리하다.

스마트폰에 많은 돈을 쓰지 않는다

내게 스마트폰은 단 한 푼의 이익에도 공헌하지 못하면서 비용 절감도 가져오지 못하는 기기에 불과하다. 나는 수익이 없는 것에는 돈은 쓰지 않겠다는 주의여서 스마트폰만큼은 저렴한 기기에 저렴한 요금제를 사용한다. 내가 한 달에 내는 통신비는 3만 원 정도다.

예전에 날마다 외환거래를 할 당시에는 성능이 좋고 인터넷 속도가 빠른 기기가 필요했기 때문에 최신 아이폰을 썼다. 하지만 지금은 빈번하게 외환거래를 하는 것도 아니고 이따금씩 나만의 방식으로 반자동매매를 하고 있기 때문에 저렴한 기기로도 충분하다.

대기업에서 나온 최신기종을 구입하고 비싼 요금제를 사용하면 확실히 편리하고 빠르다. 그에 비해 저렴한 기기와 저렴한 요금제는 속도가 느려서 애플리케이션이 자주 끊기기도 하고 검색할 때 다소 답답한 면이 있다. 하지만 딱 그만큼의 불편함만 있을 뿐 평소 쓰기에는 아무런 문제가 없다.

라이프스타일이나 업무 형태가 달라지면 그에 맞춰서 새로운 기기와 요금제를 사용할 수도 있지만 지금은 이것으로 만족한다.

일정관리 애플리케이션으로 사고 영역을 넓힌다

스마트폰에서 빈번하게 사용하는 애플리케이션 중 하나가 일정관리 애플리케이션이다. 중요한 일은 수첩에 적어두지만 사소한 쇼핑, 1개월 이상 남은 고속철도 예매날짜(신칸센은 1개월 전부터만 애매가 가능하다), 1년 이상 남은 일정 등은 일정관리 애플리케이션에 기록해서 알림 문자를 받는다.

이렇게 하면 언제 무슨 일을 해야 한다는 것을 계속 기억하지 않아도 되므로 지금 해야 하는 중요한 일을 위해 뇌의 사고영역을 비워둘 수 있다.

뇌의 한쪽 구석에 다른 할 일을 저장해두면 지금 하는 일에 몰입하기 어렵다. 그래서 나는 아예 애플리케이션에 기록한 후에 잊는 쪽을 선택한다.

미라캐스트로 가족과 공유

나는 아내와 비즈니스 보이스 트레이닝 스쿨을 운영하고 있어서 업무 이야기를 할 때가 매우 많다. 이때 편리한 것이 PC나 태블릿의 화면을 텔레비전에 무선으로 연결해주는 미라캐스트miracast 기능이다.

우리 부부는 미라캐스트 기능으로 경쟁사의 웹사이트를 텔레비전 화면에 띄워놓고 이런 건 좋네, 저런 건 배워야 하네 하며 이야기를 나누고, 페이스북 화면을 띄워놓고 서로 설명을 해주며 인맥을 공유하기도 한다.

또한 동영상 연결도 가능하기 때문에 이 기능으로 영화나 애니메이션을 보기도 하고, 아이에게 교육 프로그램을 보여주기도 한다. 이래저래 참 편리한 기능이다.

하나의 행동으로
여러 목적을 달성한다

새로운 곳에 출장을 갈 때 하루 이틀 더 묵거나 전날 출발해서 관광을 겸하는 사람이 있다. 출퇴근 수단을 전철에서 자전거로 바꾸어 만원 전철에서 받는 스트레스를 없애고 운동 부족을 해결하는 사람도 있다.

이렇게 하나의 행동으로 여러 목적을 달성할 수 있다면 이보다 더 효율적인 일은 없다.

그래서 나는 무언가를 하거나, 어딘가에 가거나, 누군가를 만나거나 할 때면 그 한 번의 행동으로 다른 메리트를 얻을 방법이 없는지 생각해본다. 말하자면 "편의점에 갈 건데 혹시 필요한 거 있으면 사 올게" 하고 말하는 식이다.

'하는 김에' 꿩 먹고 알 먹자는 이야기이다.

나는 외출할 일이 있으면 같은 방향, 같은 지역에서 다른 용무도 해결할 수 있는지 생각해보고 집을 나선다. 출퇴근 구간 내에서 장을 보거나 쇼핑을 하면 교통비가 따로 들지 않고, 예약해둔 미용실 근처로 회의 장소를 잡으면 회의 후에 미용실에 가면 되니까 두 가지 일을 따로 할 때 들여야 하는 시간을 절약할 수 있다.

사생활과 관련된 예지만, 나는 집에서는 화장실에 갈 때 반드시 이를 닦는다. 어차피 손을 닦아야 하는데 '하는 김에' 양치질까지 하는 것이다. 이러면 양치질을 게을리하지 않게 되어서 좋다.

해외여행을 갈 때면 반드시 현지의 일본인 부동산업자와 약속을 잡아 안내를 받는다. 이를 위해 여행 전에 그 나라에서 부동산 매매 업무를 하는 일본인의 블로그나 홈페이지를 찾아보고, "부동산을 사고 싶으니 안내를 부탁합니다"하고 약속을 잡기 위한 메일을 보낸다. 그리고 실제로 내가 부동산을 구입한 업자나 신뢰할 수 있다고 판단한 업자와는 나중에 일본에서 합동 세미나를 연다.

이렇게 단순한 해외여행을 비즈니스로 이어가면 '공짜

로 현지 안내도 받고', '세미나 수입도 생기고', '고객에게 그 물건을 소개해서 만약 팔리게 되면 중개 수수료도 벌고', '책이나 강연 소재로도 활용하는' 복수의 메리트를 얻을 수 있다.

물론 이것은 세미나를 개최하고 책을 출판하는 등 나 자신이 정보를 발신하고 있기에 가능한 일이다. 그러나 꼭 그렇지 않더라도 나는 항상 '여행만' 한다거나 '부동산 매매만' 하는 식의 일은 어떻게든 피하려고 노력한다. 무언가를 할 때면 항상 그것에 추가해서 다른 메리트가 발생하도록 다양한 궁리를 한다.

여담이지만, 내 아내는 보이스 트레이너 일을 하는데 어쩌다 보험이나 물건을 판매하는 영업사원의 전화를 받으면 "좀 더 좋은 목소리를 내면 영업하시는 데 무기가 될 겁니다. 보이스 트레이닝을 받아보시지 않겠어요?" 하고 오히려 그 사람에게 영업을 한다.

이는 본래 끈질긴 영업 전화를 빨리 끊게 하려고 사용하는 기술이어서 실제로 보이스 트레이닝 교실에 등록하는 경우는 없지만, 영업하려는 상대방에게 오히려 영업으로 되받아치는 그 발상만큼은 감탄을 자아낸다.

월요일에는 약속을 잡지 않는다

월요일에는 대부분 회사에서 회의가 열린다. 한 주간의 방침이 그 회의에서 결정되기 때문에 월요일에 일정을 비워두면 한 주간의 업무 계획을 세우거나 조정하는 시간을 가질 수 있다.

게다가 규모가 큰 회사에서는 월요일이면 평소 지방이나 현장에서 근무하던 사람들이 회의에 참석하기 위해 본사로 들어온다. 그런 날에 약속을 잡아서 자리를 비우면 그들과 정보를 나눌 수도 없고 업무 이야기도 할 수 없다. 다른 부서와 미팅을 해야 할 경우에는 특히 더 월요일을 공백으로 비워두어야 한다.

거의 모든 회사가 월요일에 회의를 하므로 월요일에 일정을 비워두면 이쪽에서 먼저 거래처에 연락을 취해 여러 상황을 처리하기가 좋다. 월요일을 약속 날짜로 잡는 것이 아니라 월요일에 연락해서 다른 날에 약속을 잡는 것이 효율성 면에서 보면 여러모로 낫다.

만약 가능하다면 일요일 저녁에 집에서, 혹은 회사에 잠깐 들러서 메일 답장이나 업무일지 작성 등 본래 월요일에 처리해야 할 잡무를 미리 처리해두는 것도 좋다. 이렇게 하면 월요일에 상사가 다른 지시를 내리거나 경영자가 어떤 방침을 내릴 때 그에 맞춰서 잡무에 쫓기지 않고 일을 처리할 수 있고 업무 계획을 변경할 여유도 가질 수 있다. 월요일은 일주일이 시작되는 날인데 첫날부터 이거 하랴 저거 하랴 허둥지둥 시간을 보내면 그 한 주일이 경황없이 분주한 채로 지나가기 십상이다.

'일요일에 일을 하다니 말도 안 돼' 하고 생각할지도 모르겠다. 하지만 메일 답신이나 업무일지 작성에 드는 시간은 고작해야 몇십 분이다. 내가 샐러리맨일 때는 일요일 오후에 회사에 들러 잡무를 처리했다. 그렇다고 무슨 수당이 나오는 것은 아니었지만 이 잠깐의 수고로 월요일, 아니 한

주의 업무를 차분하고 계획적으로 처리할 수 있었다.

사람마다 상황이 다르겠지만, 언제까지나 관성에 따라 하던 대로만 하지 말고 자신이 어떻게 움직여야 가장 효율적인지를 진지하게 생각해볼 필요가 있다.

이동할 때는
혼자 움직이는 것이 원칙

생산성을 높이려면 역시 혼자 있는 시간과 공간이 필요하다.

그래서 나는 집중해서 처리하고 싶은 일이 있으면 빈 회의실이나 강의실에 틀어박히기도 하고, 이른 아침처럼 다른 사람이 없는 시간에 출근하기도 하고, 잠시 카페에 들르기도 한다. 그러면 전화 응대를 하거나 누군가가 말을 걸어오는 등 집중력을 저해하는 요인을 차단할 수 있다.

동일한 이유로, 이동할 때는 혼자서 움직이는 것이 원칙이다.

거래처를 방문할 때 상사나 부하 직원과 함께 움직이면

마음대로 책을 읽을 수도, 기획안을 다듬을 수도, 노트북으로 자료를 정리할 수도 없다. 전철에 한 자리가 비어도 쉽게 앉을 수 없고, 어색한 분위기를 피하기 위해서 자꾸 이야깃거리를 만들어 대화를 이어나가야 한다.

그래서 나는 회사에서 출발할 때는 잠깐 일이 있다며 먼저 나오고 방문지에서 돌아갈 때는 잠깐 은행에 들러야 한다는 식으로 따로 행동한다.

단, 상사와 함께 거래처에서 돌아올 경우는 예외다. 거래처와 미팅을 한 후라면 앞으로의 방향에 대한 조언을 들을 수 있고 프레젠테이션 이후라면 그 피드백을 받는 등 귀중한 배움의 시간이 되기 때문이다.

약속 장소에는
1시간 먼저 도착한다

나는 회사 일로 밖에서 사람을 만날 때는 되도록 호텔의 라운지나 카페에서 보자고 한 후에 1시간 먼저 나가서 기다린다. 이렇게 하는 데는 몇 가지 이유가 있다.

아슬아슬하게 약속 시간에 맞춰 나가면 전철을 놓치거나 교통 정체에 갇힐 위험이 있다. 또한 출발 시간을 신경 쓰면서 일을 하면 집중력이 떨어진다. 그럴 바에는 1시간 먼저 도착해서 그곳에서 일을 처리하는 것이 낫다. 게다가 지각할 걱정도 없고, 충분한 여유를 가지고 출발함으로써 이동하는 도중에도 차분한 마음으로 자료를 본다거나 책을 읽는 등 생산적인 일을 할 수 있어 좋다.

늦지 않으려고 10분 먼저 도착하는 사람도 많을 텐데, 사실 이 10분 동안에는 할 수 있는 일이 거의 없다. 그저 스마트폰을 보거나 잡지를 읽는 것이 고작이다. 하지만 1시간이라는 다소 긴 시간이 있으면 편안하게 원하는 무언가를 할 수 있고 자투리 시간도 발생하지 않는다.

만약 역에서 만나거나 상대방의 회사 앞에서 만나게 되더라도 1시간의 여유가 있으면 근처 카페에 들어가 그곳에서 일을 보고 약속 시간에 맞춰 나가면 된다.

만약 사적으로 누군가를 만나게 되면 그때는 주로 서점을 이용한다. 책을 읽고 있으면 상대방이 늦어도 기다리는 시간이 지루하지 않고 시간도 허투루 낭비되지 않기 때문이다. 가끔씩 역 입구나 백화점 문 앞에서 왜 이렇게 늦었냐며 다투는 사람들을 보게 되는데 서점에서라면 그럴 일이 없어 안심이다.

외출은 한데 모으거나 분산한다

외출을 하면 본래 자투리 시간이 발생하기 쉽다.

집에서 역으로 이동하고, 역에서 전철을 기다리고, 출발역에서 도착역까지 이동하고……. 집으로 돌아올 때도 마찬가지로 이동 시간과 기다리는 시간이 발생한다.

영업사원처럼 외출이 업무인 사람은 어쩔 수 없겠지만, 만약 약속을 조정할 수 있다면 자투리 시간을 단축하기 위해서라도 외출을 어느 하루에 몰아서 처리해보자.

외출 약속을 하루에 모아서 처리하면 외출하지 않아도 되는 날이 생기고, 그러면 그날에는 '오늘은 몇 시에 그곳으로 가야 하는구나' 하는 긴장감이나 초조함 없이 업무에 전념할 수 있다.

역발상도 가능하다. 온종일 집중해서 일하기는 사실상 어려우므로 집중력이 떨어지는 시간에 외출 약속을 잡아서 업무와 기분전환이라는 두 마리 토끼를 잡는 것이다. 오전 중에 중요한 일을 처리하고 집중력이 떨어지는 오후에 외출 약속을 잡는 식이다.

이런 경우에는 어차피 집중력이 떨어져서 약속을 잡은 것이니 다소 자투리 시간이 발생하더라도 속 편하게 멍하니 잠깐의 여유를 즐기면 된다.

어느 쪽이 더 좋은지는 사람마다 다를 것이다. 자신의 생산성을 최고로 끌어올릴 수 있게 일정을 짜면 어느 쪽이든 다 좋다.

남들과 똑같은 행동을 하지 않는다

이제는 새삼스러울 것도 없는 이야기지만, 무슨 일을 하든 남들과 똑같이 하면 남들과 똑같은 성과밖에 내지 못한다. 그러므로 똑같은 상황에 직면했어도 남들과 다르게 생각하고 다르게 행동하려는 자세를 길러야 한다.

그 방법 중 하나는 타인과 반대로 행동하는 것이다.

예컨대, 주식투자를 한다면 남들이 팔 때 사고, 남들이 살 때 팔아야 한다. 주가가 폭락할 때 사고 치솟을 때 팔아야 이익을 손에 넣을 수 있다.

일을 할 때도 마찬가지다. 경기가 좋지 않아 남들이 다 광고비를 줄인다면 그때야말로 광고를 해야 한다. 평소보다 광고비도 저렴할 테고, 무엇보다도 자사의 광고를 가장 눈에 띄게 할 수 있는 절호의 기회다.

남들과 함께 시장의 거품을 타고 움직여야 득이 될 때도 물론 있지만, '이럴 때 남들은 어떻게 할까? 그럼 나는 이렇게 해볼까?' 하고 늘 발상을 전환하는 연습을 해야 시장의 틈새를 파고들 수 있다. 이런 발상법은 시간을 효과적으로 쓰는 데도 도움이 된다.

금요일에는 술자리를 갖지 말고
1차에서 끝낸다

  퇴근 이후의 시간은 물론이고 휴일 역시 나의 귀중한 시간이다. 그러므로 잠만 자며 보내지 말고 평소와 똑같이 일어나서 그 시간을 효율적으로 사용하는 것이 좋다.

  이를 염두에 두고 생각해보면, 주말에 쉰다고 해서 금요일에 술자리를 갖는 것은 위험 부담이 크다. 다음 날이 쉬는 날이라는 생각이 들면 마음이 해이해져서 평소보다 많이 마시게 되고, 그러면 토요일 오전에는 숙취로 잠만 자면서 시간을 헛되이 보낼 가능성이 크다.

  혹은 시간을 잊고서 막차를 놓치거나 막차를 타기는 했는데 술기운에 잠이 들어 종점까지 갈 우려도 있다. 그러면 다시 택시를 타고 돌아와야 하므로 돈까지 잃게 된다.

술자리를 가질 생각이라면 금요일이 아닌 평일에 마시라고 권하고 싶다. 평일에 마시면 참석한 사람들에게도 '내일 출근해야 하니까 일찌감치 헤어져야겠다'라는 심리적인 제동이 걸리고, "2차 갑시다!"라는 말을 꺼내는 사람이 나올 가능성도 작다.

또 한 가지. 사람들이 2차를 가는 분위기가 되더라도 적당히 둘러대고 1차가 끝나면 집에 돌아오자. 2차, 3차로 술자리가 이어졌을 때 자신의 모습을 생각해보면 이해하기 쉬울 것이다. 무슨 말을 했는지 잘 기억도 나지 않고 괜한 이야기를 했다고 후회하는 경우가 있지 않은가?

'에이, 그랬다가는 사회생활도 할 줄 모르는 녀석이라고 손가락질을 받을 거야'라는 불안감을 느끼는 사람도 있을 텐데, 걱정하지 마라. 설령 그 자리에서는 그런 말을 했을지언정 다들 취해서 2차에 누가 빠졌네, 어쨌네 하는 일들은 금방 잊어버린다. 1차까지만 하고 집에 간대도 아무도 신경 쓰지 않는다.

명함은 정리하지 않고
인사 메일을 보낸 후 버린다

    명함관리 방법에는 여러 가지가 있다. 명함을 스캐너로 읽어서 OCR(문자 판독) 기능을 이용해 텍스트로 변환하여 관리하는 사람도 있고, 명함첩을 이용하는 사람도 있고, 비서나 부하 직원에게 관리를 맡기도 사람도 있다.

    나는 다소 예의에 어긋나지만, 아예 관리하지 않고 집에 돌아가면 바로 버린다. 내가 이럴 수 있는 이유는 업무상 필요한 사람에게 명함을 받으면 곧바로 인사 메일을 발송하기 때문이다. 그러면 상대방도 내게 답장을 보내고, 거기에는 대개 회사명이나 주소 등의 서명이 포함된 경우가 많아서 그 자체로 명함 관리가 된다.

명함을 교환했다면 바로 인사 메일을 보낸 후 버리는 것이 품이 덜 드는 가장 간단한 방법이다.

주소나 전화번호가 불필요한 상대와는 페이스북 같은 SNS로 연결된 것을 확인한 후에 명함을 버린다. 친목 모임 같은 곳에서 단순히 인사차 명함을 교환한 경우에는 앞으로 만날 일이 없으리라 판단되므로 가차 없이 버린다.

중요한 것은 명함 자체가 아니라 그 명함을 활용해서 무엇을 하는가이다. 사용할 일이 없는 어마어마한 명함 컬렉션은 그저 사람의 이름이 인쇄된 종이 다발에 불과하다.

매뉴얼로 만들어
다른 사람에게 바통 터치

많은 일을 빠르게 처리하려면 역시 남의 손을 빌려야 한다. 직접 하는 편이 더 빠르고 정확해서 남에게 맡기고 싶지 않다는 사람도 있을 텐데, 그 마음은 이해하지만 혼자서 다 떠안으면 언젠가는 한계에 부딪힌다.

이럴 때 중요한 것은 다른 사람에게 일을 내주는 방법이다. 그 기술 중 하나가 업무를 표준화하여 매뉴얼로 만드는 것이다.

예컨대, 우리 부부는 보이스 트레이닝 스쿨을 운영한다. 처음 시작했을 때는 수강생이 적어서 아내와 나 둘이서만 운영해도 충분했는데, 문의전화와 수강생 수가 늘면서 우리가 다 감당하기에는 벅찬 상황이 되었다. 그래서 접수 업무는 외주를 주고 현장에서 수강생을 가르칠 수 있는 강사를 고용하기 시작했다. 기업 연수나 문화센터 강의가 늘고 강사 양성 코스가 신설될 무렵에는 강사 세 명을 더 뽑았다.

이때 우리 부부는 강의 내용과 강의 방법을 매뉴얼로 만들어서 그에 기초하여 지도할 수 있게 했다. 그래서 누가 강의를 맡더라도 강의 내용의 질은 떨어지지 않았다. 최근에는 강사들이 질의응답Q&A 사이트에 직접 답변을 달고 있는데, 이 답변 내용 역시 매뉴얼을 만들어서 강사들에게 배포했다.

이렇게 함으로써 아내는 현장 업무에서 해방되어 영업이나 홍보 같은 고객모집 업무에 전념할 수 있게 되었다. 나 역시 접수나 스케줄 조정과 같은 업무에 쫓기지 않게 되어 입금 확인이나 이벤트 기획, 웹사이트 관리 등 영업에만 시간을 할애하고 있다.

장인의 기술은 매뉴얼로 만들기 어려워서 제자로 들어가 승계해야 하지만, 그 밖의 대부분 분야는 얼마든지 체계화하여 매뉴얼로 만들 수 있다.

자기가 해야 가치가 창출되는 것, 자기밖에 할 수 없는 것에 전념하기 위해서는 누가 해도 똑같은 가치가 창출되는 것, 자기가 아니어도 할 수 있는 일을 다른 사람에게 맡겨야만 한다.

전체 모습을 파악한다

미로 공원에 들어가면 자신이 직접 걸어서 그 미로를 탈출해야 한다. 그런데 막혀 있는 벽을 따라서 이리저리 걷다 보면 어느 순간 방향 감각을 상실하게 된다. 이럴 때는 중간쯤 설치되어 있는 높은 곳에 올라가서 내려다보면 어디로 가야 하는지 알 수 있다.

축구나 농구도 그렇다. 선수로 뛸 때는 어느 쪽으로 공을 보내야 하는지, 흐름이 어떤지 눈에 잘 들어오지 않는다. 하지만 스태프석이나 관객석에서 보면 지금 무엇을 해야 하는지 단번에 파악할 수 있다. 그래서 선수들에게는 종종 전체를 내려다보며 플레이를 해야 한다는 뜻에서 조감도가 필요하다고 한다.

일에서도 마찬가지다. 눈앞의 일에 집중하면서도 항상 전체의 모습을 내려다볼 줄 알아야 한다. 바쁘다고 눈앞의 일을 대충 처리하면 나중에 다시 작업하거나 어떻게 해야 할지 몰라 난감해지는 상황이 발생할 수 있다. 자기가 지금 어느 단계에 서 있는지, 무엇을 해야 하는지, 앞으로 어떻게 해야 하는지를 알고 있으면 불필요한 낭비가 줄어든다.

장기간에 걸쳐서 프로젝트를 진행할 때는 가장 먼저 목표가 무엇인지, 언제부터 언제까지 무엇을 할지, 누가 맡을지, 어떤 단계에서 어떤 결정을 내릴지를 큰 종이에 적어 벽에 붙여두어야 한다. 이렇게 해야 순서에 맞춰서 일이 진행되는 과정을 관리할 수 있고 참가 인원이 많더라도 실수를 줄일 수 있다.

개인 스케줄도 마찬가지다. 나는 페이지를 펼치면 한 달 내용이 한눈에 보이는 수첩을 사용한다. 이런 수첩은 일단 펼치기만 하면 그 달의 내용이 한눈에 들어오기 때문에 '이 일정이 있으니까 저 일정을 당겨서 처리해야겠다'와 같은 판단을 내릴 수 있어 편리하다.

경험해보지 못한 새로운 일에 착수할 때도 무작정 시작

할 것이 아니라 처음부터 마지막까지 어떻게 진행할지 그 전체상을 노트에 써보는 것이 좋다. 그러면 다른 부서에 협조를 구해야 하는지, 상사의 확인을 받아야 하는지, 어느 단계에서 확인해야 다시 작업하는 수고를 들이지 않게 되는지 등을 알게 되어 시행착오를 줄이고 시간을 효율적으로 사용할 수 있다.

컨디션의 파도를 탄다

어쩐지 일이 손에 잡히지 않아서 쓸데없이 시간만 보낸 경험을 누구나 해보았을 것이다. 기분이 내키지 않을 때는 책상이나 컴퓨터 앞에 앉아서 아무리 오랜 시간을 보낸들 피곤함과 괴로움밖에는 얻을 것이 없다. 좋은 안건을 내기도 힘들고 무엇보다도 즐겁지가 않다. 특히 새로운 아이디어를 내야 할 때는 이렇게 끙끙거리기만 하는 것이 오히려 독이 된다.

이럴 때는 손에 잡히지 않는 일은 탁 내려놓고 다른 일을 하는 편이 낫다. 하기 싫고 잘 안되는 일은 관두고, 그 대신에 하고 싶고 할 수 있는 다른 일을 하는 것이다.

그러면 항상 하고 싶은 일을 하는 것이 되어 업무 집중도가 높아진다. 늘 의욕적으로 하고 싶은 일을 하니 기분도 좋고, 하는 일마다 즐겁게 느껴진다.

당장 하고 싶은 일만 골라가며 할 수 있으려면 '마감에 쫓기는 일'을 안고 있지 말아야 한다. 오늘 중으로 반드시 처리해야 할 일이 있는데 기분이 내키지 않으니 다음에 해야겠다고 미룰 수는 없지 않은가?

의욕이 나는 일만 골라서 하려면 마감이 정해진 일을 가능한 한 미리 당겨서 처리해놓아야 한다. 미리 당겨서 할 수 없다면 오히려 마감 기한 직전까지 미뤄서 단기간에 끝내는 방법도 있다. 이에 대해서는 다시 설명하겠다.

또 한 가지. 자신의 컨디션을 파악하면서 일을 해야 한다. 누구나 오늘은 컨디션이 좋아서 집중이 잘된다거나 너무 피곤해서 일찍 쉬워야겠다는 느낌을 받는다. 이 느낌을 무시하지 말고 자신의 몸 상태에 따라 일감을 골라서 처리하면 피로나 좌절을 느낄 일 없이 긍정적이고 적극적으로 하고 싶은 일을 해낼 수 있다.

마감 기한의 긴장감으로
단숨에 해치운다

일을 하다 보면 긍정적이고 설레는 업무뿐만 아니라 도무지 의욕이 나지 않는, 보잘것없고 귀찮은 업무를 처리해야 할 때도 있다.

나는 그런 일감은 눈 딱 감고 정해진 기한 직전까지 방치하고 그냥 잊어버린다.

하긴 해야겠는데 할 마음이 들지 않는 상태로 시간을 질질 끄는 것보다, 일단 일정관리 애플리케이션에 기록해두기만 하고 손을 놓아버림으로써 그러한 스트레스에서 벗어나는 것이 더 좋다.

이렇게 하면 알림 문자가 왔을 때 그야말로 발등에 불이 떨어진다. 당장 시작하지 않으면 큰일이 벌어지므로 다른 어느 때보다 집중력이 좋아져서 귀찮고 시시하고 재미없게 느껴졌던 일을 단숨에 처리할 수 있다.

게다가 긴장감으로 집중력이 최고조에 이르러 몰입의 경지에 들어서면 실수도 적고 결과물의 질도 좋아진다. 시간과 수고의 효율은 말할 것도 없다.

하루 이틀 만에 싫은 일을 끝낼 수 있다면 야근을 좀 한다고 해서 마다할 이유는 없다. 즉, 지금은 지금 중요한 일이나 지금 하고 싶은 일에 초점을 맞추고, 자기에게 가치나의의가 작은 일은 뒤로 미뤄두었다가 기한 막바지에 그 긴장감을 이용하여 단숨에 처리하는 것이다.

단, 막바지에 이르러서 일을 시작하면 시간이 부족해서 일 처리가 엉망이 될 수 있으니 시작 지점을 잘 정해야 한다. 나도 예전에 세금신고 준비를 미뤄놓고 뒤늦게 시작했다가 도저히 시간 안에 못 맞출 것 같아 세무사에게 돈을 주고 통째로 맡겼던 적이 있다.

시간을 두 배로 늘리는 방법

나는 항상 어떤 작업을 하는 동안 다른 작업을 동시에 하려고 노력한다.

예컨대, 세탁기 시작 버튼을 누르고 나서 다른 집안일을 시작하면 집안일이 끝날 즈음에 세탁이 끝난다. 전기포트에 물을 부어 스위치를 켜고서 옷을 갈아입으면 다 갈아입을 즈음 물이 끓어서 바로 커피를 마실 수 있다.

이와 같이 여러 가지 일을 병행해서 처리하면 종류가 서로 다른 일이 동시에 처리되어 쓸 수 있는 시간이 그만큼 늘어난다.

단, 이것은 어디까지나 단순 작업 수준의 일에만 해당한다. 아이디어를 내야 하거나 복잡한 업무를 볼 때는 그것에만 집중하는 것이 원칙이다.

나누어서 할 일을 하나로 모으는 방법도 있다.

흔한 예지만, 인터넷 쇼핑을 할 때 한 사이트에서 한 번에 사면 배송료가 절약되고 할인율이 커진다. 치과에 갈 때는 가족 모두가 같이 가는데, 이렇게 하면 가족 전체의 건강도 지킬 수 있고 연간 의료비가 일정 금액이 넘을 경우 소득공제 대상이 되어 세금을 돌려받을 수 있다.

한 번에 모아서 하면 스케일 메리트scale merit, 즉 규모의 확장으로 얻게 되는 이득을 기대할 수 있다.

혹은 앞서 언급했듯이 한 가지 일로 또 다른 효용을 얻을 방법을 고려해보는 것도 좋다.

조깅만 하면 체력 단련이라는 하나의 효용밖에 얻지 못하지만, 헤드폰으로 영어 학습 교재를 들으면서 달리면 체력 단련과 동시에 영어 학습을 할 수 있다는 두 가지 효용을 얻을 수 있다. 산책이 취미라면 전단지 붙이기와 같은 아르바이트를 해도 좋을 것이다. 산책하면서 돈도 벌 수 있으니 역시 두 가지 효용을 얻을 수 있다.

무언가를 하는 김에 할 수 있는 일, 하나로 모으면 득이 되는 일, 복수의 효용을 얻을 수 있는 일을 생각하는 것은 합리적인 행동계획으로 이어지고 한정된 시간을 효율적으로 사용하는 습관을 만들어준다.

미정이어도 날을 잡아둔다

"다음 미팅은 언제 할까요?"

이처럼 어떤 일을 미리 정할 때 어떻게 대답하면 좋을까?

다른 중요한 일이 생길지도 모른다는 생각에서 사람들은 흔히 "일정을 조정해서 다시 연락드리겠습니다" 하고 대답한다.

하지만 이렇게 대답하면 나중에 다시 연락해야 하는 일감이 하나 늘게 된다. 그리고 다시 연락했을 때는 이미 상대 쪽에도 다른 일정이 생겨서 처음부터 다시 날짜를 조정해야 할지도 모른다.

이럴 때는 "일단 이날로 잡읍시다. 변경 사항이 있으면 다시 연락드리겠습니다" 하고 임시로라도 그 자리에서 결정을 내려야 한다. 그러면 나중에 연락하는 수고도 덜 수 있고 상황에 따라 약속 날짜를 변경할 수도 있다.

또한, 나중에 정해야겠다는 생각이 들면 중간에 잊어버리거나 귀찮아지는 경우가 생긴다.

예컨대, 치과 정기검진을 하러 갔을 때는 3~4개월 후의 다음 검진 날짜를 미리 예약해두는 것이 좋다. 나중에 때가 되었을 때 예약하고 와야지 하고서 그냥 집에 돌아오면 다른 일에 쫓기거나 귀찮아져서 십중팔구 가지 않게 된다. 나도 그런 경험이 있다. 앞으로 서너 달 뒤의 일을 왜 벌써 예약하나 싶어 그냥 집에 왔다가 다시 전화 걸고 예약하기가 귀찮아져서 1년 이상 치과를 찾지 않았던 적이 있다.

미리 일정을 잡아놓으면 그것이 행동을 촉진하는 효과가 있다.

내가 얼마 전 책을 출판할 때의 일이다. '모처럼 새 책을 내니까 출판기념 세미나를 열어서 책이 발매되기 전에 참가자들에게 선물해야겠다' 하는 생각이 들었다. 그래서 곧바로 장소를 알아봐서 예약하고, 세미나 내용을 생각하고,

메일 매거진으로 이를 공지했다. 이 준비에 든 시간은 반나
절도 되지 않는다.

참가자가 적으면 취소하려고 했는데 신청자가 예상보다
많아 결국 2주 뒤에 세미나를 열었다. 세미나 내용(프레젠테
이션 슬라이드)은 전날에 작성했다. 만약 장소를 예약하지 않
았더라면 하고 싶어도 할 수 없었을 것이다.

확정된 일이 아니어도 미리 일정으로 잡아놓으면 다양
한 효과를 누릴 수 있다.

물론 상대방에게 폐가 되는 경우는 피해야겠지만, 꼭 확
정된 일정이 아니어도 그 자리에서 미리 날짜를 못 박아두
면 그것이 쉽게 행동으로 이어지게 된다.

검토를 줄이고
그 자리에서 대답한다

결단도 되도록 그 자리에서 내려야 한다. 그렇게 하면 나중에 다시 생각해서 답을 해주어야 하는 일감 하나가 줄고, 더불어 상대방에게 좋은 인상을 심어줄 수 있다.

다음의 대화를 보자.

> **부하** "부장님, 거래처에서 10%를 할인해달라고 하는데 어떻게 할까요?"
>
> **부장** "으음, 글쎄……."
>
> **부하** "할인율이 크니까 안 된다고 거절할까요?"
>
> **부장** "으음, 난감하군. 생각해보고 알려주겠네."

혹은

부하 "부장님, 이 신규 안건을 어떻게 할까요?"

부장 "글쎄……."

부하 "예산 신청이 다음 주까지라서 안건을 올리려면 그 전
에 결정해야 합니다."

부장 "으음, 어떻게 해야 하나……. 생각해보고 결정하겠네."

이렇게 즉시 대답을 해주지 못하면 부하 직원들 사이에
서는 '부장님은 결단력이 부족해'라는 인식이 퍼지게 될 것
이다.

이와 달리,

"우선 5%로 절충하지 않겠느냐고 제안해봐. 안 되면 수
량을 늘려달라거나 애프터서비스를 조건으로 내세워서 이
야기해보고. 거래가 끊기면 안 되니까 이도 저도 다 안 되
면 그때는 받아들이는 수밖에 없겠지."

혹은

"좋아, 일단 안건을 올려. 도중에 수시로 경과를 보고하
는 것 잊지 말고."

하고 대답하면 부하 직원들은 '부장님은 필요할 때 바로

지시를 내려줘서 참 든든해'라든가 '부장님은 결단력이 빨라'라고 생각하게 될 것이다.

결정을 빨리 내리려면 경험에 의한 판단 재료가 충분히 쌓여 있어야 하고, 사전에 시뮬레이션을 해두어야 한다.

여기에서 말하는 시뮬레이션이란 부하 직원이나 상사가 어떤 일을 맡고 있는지 파악해서 어떤 문제가 일어날지 사전에 상상해보는 것을 말한다. 다양한 가능성을 떠올려서 해결 방법을 미리 생각해두면 실제로 어떤 일이 일어났을 때 빠르게 결단을 내릴 수 있다.

5% 할인을 요구했는데 상대방이 "죄송합니다, 3%가 상한선입니다"라고 대답한 경우, 당신이 만약 "어쩌나, 곤란한데……" 하고 망설이는 모습을 보이면, 상대방은 '그냥 이대로 밀고 나가도 되겠구나' 하고 생각할지도 모른다.

그러면 "다른 회사에서는 가격 할인을 아예 해주지 않습니다. 저희 회사만 특별히 3%를 할인해드리는 것이니 이 이상은 어렵습니다"라는 말로 쐐기를 박아올 테고, 협상의 여지가 사라지게 된다.

이에 비해 "죄송합니다, 3%가 상한선입니다"라는 말을 듣고 "그렇다면 거래는 힘들겠군요" 하고 그 자리에서 바로 'NO'를 외치면 상대방은 오히려 동요하게 된다. 그러면 협상의 여지가 생기고 주도권을 쥘 수 있다.

만약 거래 단절을 내세우기 어려운 상황이라면 "알겠습니다. 본래는 이 조건으로 거래할 수 없지만 이번만 3%로 합의를 보겠습니다" 하고 답할 수도 있다. 그러면 상대방은 '이 사람하고 가격 흥정을 할 때는 허투루 하면 안 되겠구나' 하는 생각을 하게 될 것이다.

'상대가 이렇게 나오면 이렇게 해야겠다' 하고 시뮬레이션을 하면서 '이 정도까지는 협상의 여지가 있어', '이 이상은 무리야' 하고 제한선을 그어두면 상대방이 어떤 대답을 하더라도 비교적 쉽게 결정을 내릴 수 있다.

만약 바로 결정을 내리기 어려운 상황이라면 "그럼, 이틀 후에 대답해드리겠습니다" 하고 단정적인 어조로 말한다. 그러면 결론을 뒤로 미루었음에도 마치 즉시 결단을 내린 듯한 인상을 줄 수 있다. 이때는 다른 말은 하지 않고 기한에 대해서만 말한다. 그러면 상사에게 보고해서 지시를 받는지 어떤지 알 수 없는 상대방으로서는 이쪽을 쉽게 얕보지 못한다.

물론 현실에서는 잘 풀리지 않을 때도 많다. 오랫동안 거래해온 상대방을 단칼에 잘라낼 수도 없고, 힘의 관계, 이제까지의 경험, 지금 처한 상황에 따라 원칙과 달리 유연하게 대처해야 할 때도 많다.

그러나 분명한 것은 많은 사람이 '반응이 빠름=머리 회전이 빠름'으로 받아들인다는 점이다.

그 하나만으로도 '이 사람 만만치가 않구나' 혹은 '이 사람은 믿음직해'라는 인상을 줄 수 있다. 그러므로 YES든 NO든, 혹은 대답을 미루든 결단력 있게 즉시 답하는 편이 유리하다.

시간 감각을 기른다

자기 자신만 일 처리가 빠르다고 업무가 빨리 끝나는 것은 아니다. 팀을 이루어서 일하거나 거래처가 있는 경우에는 관련된 사람들의 전체 속도를 예측할 수 있어야 한다.

그런데 속도에 대한 감각은 사람마다 다르다. 내게는 느려 보이지만 누군가에게는 혹은 다른 회사에서는 그것이 매우 빠른 속도일 수 있다.

그래서 '내가 이 일을 해내는 데 얼마큼의 시간이 걸릴까?'만을 생각할 것이 아니라, '저 사람이 이 일을 하는 데 얼마큼의 시간이 걸릴까?'를 같이 고려해서 일의 진행 방법을 모색하고 적절하게 역할을 분담해야 한다.

이를 위해서는 항상 전체 과정을 내다보고 필요한 직업을 파악해서 각각에 걸리는 시간을 예측해보아야 한다. 그리고 그 과정을 반복함으로써 예측의 정밀도를 높여야 한다.

예측의 정밀도를 높이려면 일이 끝난 후 걸린 시간을 항상 확인하는 습관을 길러야 한다.

'내가 이 일을 하는데 이만큼의 시간이 걸렸구나', '저 사람은 이 일을 하는데 이만큼의 시간이 걸리는구나', '이 케이스에서는 예측한 시간보다 이만큼이 더 걸렸구나', '이 케이스에서는 예측한 시간보다 이만큼이 단축되는구나' 하고 걸린 시간을 확인하는 버릇이 생기면 자연스럽게 시간 감각이 길러진다.

시간 감각이 길러지면 비슷한 상황에 처해졌을 때 더욱 정밀도가 높은 계획을 세울 수 있다.

사고와 아웃풋을
단시간에
논리적으로 정리한다

글의 목적이 무엇인가?

비즈니스맨이 시간을 많이 들이는 작업 중 하나가 서류 작성과 같은 글쓰기일 것이다.

이를 돕기 위해 이 장에서는 좋은 글을 빨리 쓰려면 어떻게 해야 하는지 그 방법을 소개하려 한다.

글을 잘 쓰려면 우선 글의 목적을 정의해야 한다. 그래야 어떤 재료와 구성이 필요한지 알 수 있다.

읽는 이에게 전하려고 하는 것 혹은 알리고 싶은 것, 그것이 바로 글의 목적이다. 보고하기 위해서인지, 설명하기 위해서인지, 설득하기 위해서인지, 제안하기 위해서인지……

목적이 정해지면 그 목적에 따라 문장을 구성하는 방식이나 필요한 정보가 달라진다.

만약 설명하기 위해서 글을 쓴다면 5W2H What: 무엇을, Why: 왜, Where: 어디에서, Who: 누가, When: 언제, How: 어떻게, How much: 얼마나를 거의 균등한 분량으로 명확하게 밝혀야 한다.

하지만 설득하기 위해서 글을 쓴다면 이 중에서도 Why(이유)에 좀 더 집중해야 한다.

이 책과 같은 비즈니스 책을 예로 들어보자. 이런 책은 독자가 갖고 있으리라 생각되는 문제를 해결하여 독자의 행동 변화를 촉구하는 데 목적이 있다. 동시에 이익을 남겨야 하는 일이므로 책이 잘 팔리게끔 신경을 써야 한다.

이를 위해서 저자와 출판사(편집자)는 여러 가지 궁리를 한다. 많은 독자에게 비슷한 효과가 나타나야 하므로 특수한 방법이나 사례는 빼고 누구나 알 수 있게 쉽게 설명해야 한다. 또한 독자의 마음을 움직이기 위해 독자가 그 책에서 기대하리라 예상되는 효용을 조금 강하게 부각할 필요도 있다. 그리고 이해를 돕기 위해 공감할 만한 사례를 많이 싣는 방법을 고려해보기도 한다.

즉, 상품으로서의 매력과 독자가 누릴 수 있는 효용을 동시에 추구해야 한다.

어떤 글을 쓰든 목적부터 명확하게 정하면 어떤 문장을 어떻게 구성할지, 어떤 재료를 사용할지 알 수 있다.

생각을 저장할
공간을 만들어둔다

아이디어는 대개 불현듯 떠올랐다가 바로 잊힌다. 그러므로 이런 번뜩이는 생각을 잡아둘 수 있는 환경을 미리 만들어두어야 한다.

이를 위해서는 비록 평범한 방법이기는 하지만 메모의 습관화만큼 좋은 것이 없다.

어제 자신이 하루 종일 무엇을 생각했는지 일일이 기억해낼 수 있는 사람이 과연 몇이나 될까?

머릿속에 떠오른 생각은 대부분 바로 잊힌다. 애초에 번뜩 하고 떠오른 생각은 무언가의 아이디어가 될 법한 사소한 생각이나 왠지 모르게 마음이 쓰였던 어떤 일의 잔상이 대부분이다. 왜 그런 생각이 났는지 자신조차도 알 수 없는, 이를테면 무의식 속에서 일어난 생각일 때가 많다.

어떤 생각이 번뜩 떠올라서 '이거 재미있겠는데?' 하고 느꼈더라도 금방 다른 생각이 떠올라 그 생각을 밀어내고, 곧이어 다른 생각이 또 떠오른다. 이런 과정이 계속 반복되기 때문에 어떤 좋은 아이디어가 떠올랐더라도 그것은 자연스럽게 뒤로 밀려 기억에게 지워진다.

영감이나 번뜩임은 이렇게 불안정한 상태에서 나타났다가 금세 사라진다.

하지만 직감의 중요성을 무시할 수는 없다. 그렇게 스쳐지나가는 여러 생각 가운데 아주 큰 힌트가 숨어 있기도 하기 때문이다. 그러므로 노트든 스마트폰이든, 도구는 무엇이라도 좋다. 어쨌든 메모를 해야 한다. 번뜩인 생각을 잊기 전에 바로 기록해두어야 한다.

메모하는 것은 편리한 외장 하드디스크를 만들어두거나 '또 하나의 뇌'를 만들어두는 것과 같다.

누가 읽는가?

아무리 글을 빨리 썼더라도 이해하기 힘들어서 내용이 전달되지 않으면 의미가 없다.

알기 쉬운 글이란 어디까지나 읽는 이에게 달려 있다. 자신에게는 쉬운 글이라도 읽는 이가 그렇게 느끼지 못하면 그건 그냥 알기 어려운 글일 뿐이다.

그런데 읽는 이의 독해력은 제각각이다.

그래서 글을 쓰기 전에는 반드시 '읽는 이가 누구인가?', '지식과 배경을 어느 정도 공감할 수 있는가?'를 의식해야 한다.

상대방이 상사인지 부하 직원인지, 같은 업계 사람인지

전혀 다른 분야의 사람인지, 친구인지에 따라 쓰는 말과 표현이 달라진다.

많이 들어보았겠지만 전문용어는 되도록 피해야 한다. 그런데 이 말은 무슨 일이 있어도 쓰지 말라는 뜻이 아니라 상대를 보고 적절하게 구분해서 쓰라는 뜻이다.

읽는 이가 일반인인데 IT업계의 전문용어를 써가며 설명해봐야 잘 전달되지 못한다. 또한 같은 표현이라도 업계마다, 상대방과 나의 거리감에 따라 통용되는 의미가 다를 수 있다. 전문용어나 특정 표현을 쓰고 싶다면 읽는 이가 그것을 제대로 이해할 수 있을지를 먼저 생각해야 한다.

단적인 예지만, GNP란 무엇일까?

경제용어인 국민총생산Gross National Product이라고 이해하는 것이 자연스러울 것이다. 그런데 나는 '기리, 닌죠, 프레젠토의리義理, 인정人情, 선물プレゼント의 일본어 발음'을 가리키는 보험업계의 GNP를 먼저 떠올렸다.

물론 문맥으로 뜻을 판단할 수는 있다. 하지만 뜻을 파악하기 위해 필요 이상으로 오래 생각해야 하는 글은 대부분 읽기 어려운 글로 받아들이게 된다.

사례를 들 때도 마찬가지다. 읽는 이의 지식수준에 맞춰서 가능하면 읽는 이가 알고 있을 법한 예를 소개해야 한다.

규칙 완화의 문제를 이야기하면서 외환투자의 레버리지 규칙을 예로 들었을 때 만약 읽는 이가 외환투자를 해본 적이 없다면 도통 무슨 말인지 알기 어려울 것이다. 그보다는 고속도로 요금을 대폭 인하하는 고속도로 요금 1만 원 상한제처럼 방송매체에 떠들썩하게 보도되어 누구나 알고 있을 법한 사례를 드는 것이 더 낫다.*

간단한 사례를 하나 들더라도 누가 읽을 것인지, 그 사람의 지식수준은 어떠한지를 고려해야 한다.

문장구조도 그렇다.

같은 상사라 해도 성격이 성급한 사람이라면 '결론부터' 적는 편이 좋고, 보수적인 사람이라면 '상황 설명부터' 먼저 적는 편이 좋다. 단순하면서도 열정적인 사람이라면 논리적인 글보다 '감정에 호소하는' 글이 훨씬 더 효과가 크다.

지식수준에 더해서 상대방의 성격까지 알면 그에 맞춰서 더 쉽게 이해할 수 있도록 글의 구조를 바꿀 수 있다.

---

* 일본은 2005년에 도로공단을 민영화한 뒤 각종 할인 제도를 도입하고 있다. 2008년에는 휴일요금 1만 원 상한제, 2010년에는 차종별 고속도로 요금 상한제 등을 실시했다.-역주

즉, 읽기 쉬운 글, 알기 쉬운 글을 쓰려면 그 글을 읽는 상대방에게 애정이 있어야 한다. 애정과 관심이 있어야 그 사람에게 맞춰서 그가 읽기 쉽고 이해하기 쉬운 글을 쓸 수 있다. 글을 쓸 때는 반드시 이 점을 명심해야 한다.

문제해결 도식으로
제안 재료를 만든다

사고를 입체화하여 전체 모습을 그려놓고 구성요소 사이의 관계를 정리하는 것을 구조화라고 한다. 구조화는 어떤 현상을 명확하게 이해하는 데 도움이 된다.

사내의 문제를 해결하기 위해 제안서를 작성한다고 해보자. 처음에는 어디에서부터 시작해야 할지 막막한 느낌이 들 것이다. 이럴 때는 〈그림1〉과 같은 문제해결 도식을 이용하는 것이 좋다. 이 도식을 이용해서 문제를 파악하고 해결책을 찾으면 제안서를 작성할 때 자신의 논점을 뚜렷하게 드러낼 수 있다.

• 그림 1 문제해결 도식 •

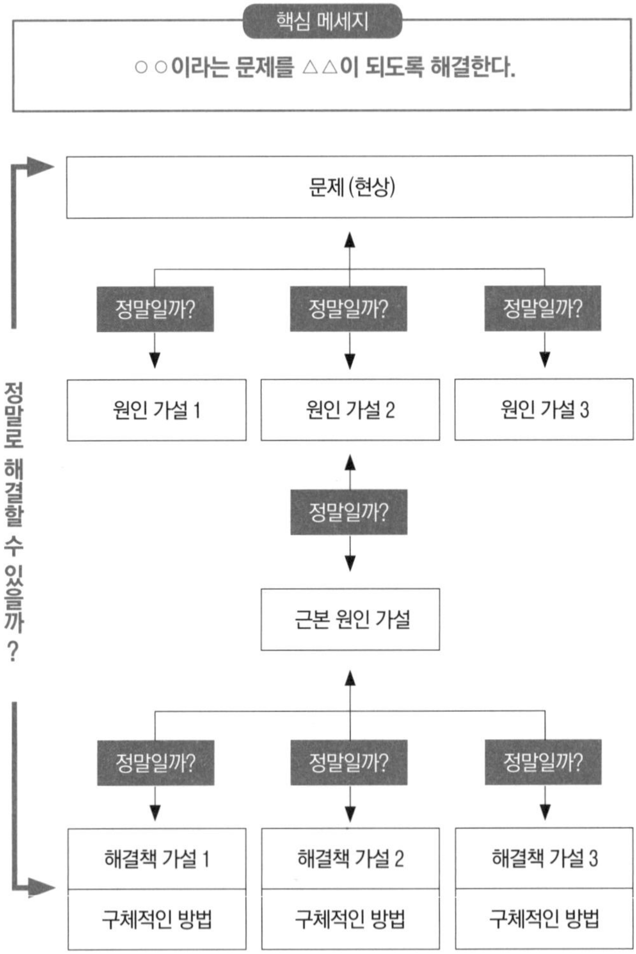

핵심 메시지

○○이라는 문제를 △△이 되도록 해결한다.

정말로 해결할 수 있을까?

문제 (현상)

정말일까? 정말일까? 정말일까?

원인 가설 1 원인 가설 2 원인 가설 3

정말일까?

근본 원인 가설

정말일까? 정말일까? 정말일까?

| 해결책 가설 1 | 해결책 가설 2 | 해결책 가설 3 |
| 구체적인 방법 | 구체적인 방법 | 구체적인 방법 |

① 핵심 메시지

먼저 '○○이라는 문제를 △△이 되도록 해결한다'라고 쓴다. '○○'은 실제로 일어나고 있는 문제나 현상을 가리킨다. '△△'은 목표로 삼아야 할 이상적인 모습이나 상황을 말한다.

② 원인 가설

문제의 원인이라고 여겨지는 것을 적는다. 아주 단순한 문제가 아니라면 대개는 여러 상황이 얽혀 있을 것이다. 그 모든 상황을 다 고려해서 원인이라고 느껴지는 것을 모두 적는다.

③ 근본 원인 가설

여러 원인 중에서 가장 근본이 되는 진정한 원인을 찾는다. 원인의 원인을 따라가다 보면 근본 원인을 찾을 수 있다. 물론 근본 원인이 없는 케이스도 있다.

④ 해결책 가설

해결책이라고 생각되는 것을 모두 쓴다. 동시에 구체적

으로 무엇을 해야 하는지, 그 방법도 같이 적는다. 해결책 가설과 구체적인 방법에 똑같은 내용이 들어가는 경우도 있다.

⑤ 이 과정을 반복한다

생각해낸 해결책과 방법으로 처음에 적은 문제점을 해결하여 정말로 △△으로 만들 수 있는지 다시 한번 원점으로 돌아가서 검토한다.

이 도식에서 '정말일까?'는 각각의 인과관계를 검토하라는 뜻의 주의 환기용 관용구다.

인과관계가 맞지 않으면 문제를 제대로 해결할 수 없으므로 이를 막기 위해 '정말로 이것이 원인일까?', '이렇게 하면 정말로 해결될까?'를 생각해봐야 한다.

또한, '이 문제는 과연 해결해야 할 문제일까?' 하는 문제 설정의 적절성도 확인해야 한다.

예컨대, '날씨가 좋지 않아서 방문하는 고객의 수가 줄었다'라는 원인을 알게 되었다면, 날씨를 바꿀 수는 없는 노릇이므로 이는 문제이기는 해도 해결해야 할 과제는 아니다.

나아가 '문제를 해결하지 않아도 딱히 곤란한 상황이라고는 할 수 없다'와 같이 해결할 필요가 없는 문제도 있다.

덧붙여서, 각각의 해결 방법을 실행할 때 발생할 수 있는 비용이나 수고가 현실적으로 감당할 수 있는 범위의 것인지도 검증해야 한다.

심한 피해를 본다거나 돈이 매우 많이 들어가는 방법이라면 그러한 단점을 감수하고서라도 실행해야 하는 어떤 장점이 존재해야 한다.

피라미드 구조

〈그림2〉와 같은 피라미드 구조는 논리적으로 글을 구성할 때 자주 쓰는 방식이다.

본래는 피라미드를 만들 듯 밑에서부터 위로 주제를 향해 논리적인 근거를 쌓아가는 방식이지만, 실제로 응용할 때는 위에서부터 아래로 적어나는 것이 훨씬 편하다.

맨 위에 메인 메시지, 즉 가장 말하고 싶은 것을 적는다.

그 아래에 메인 메시지를 지탱해주는 서브 메시지를 적는다. 서브 메시지란 메인 메시지를 지지하는 이유나 메인 메시지 다음으로 하고 싶은 말, 메인 메시지를 더욱 구체화한 것, 부차적인 효과 등을 말한다.

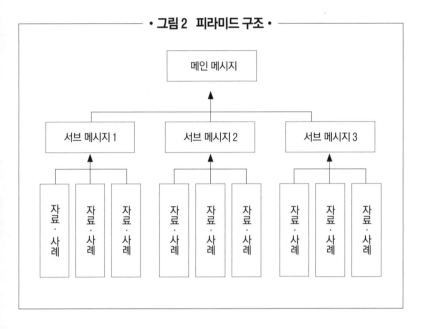

메인 메시지

서브 메시지 1　　서브 메시지 2　　서브 메시지 3

자료·사례　자료·사례　자료·사례　자료·사례　자료·사례　자료·사례　자료·사례　자료·사례　자료·사례

　그 아래에는 각 서브 메시지의 근거가 되는 이유를 적는다. 예컨대, 자료나 사례, 자신의 체험 등을 적으면 좋다. 이것이 있으면 주장에 설득력과 힘이 생긴다.

　메인 메시지는 감각적인 주장이어도 상관없다. 그 아래의 '이유'에서 논리적으로 뒷받침하고, 나아가 그 아래의 자료나 사례에서 근거를 제시하면 된다.

〈그림3〉은 내가 교육현장에 보이스 트레이닝을 도입해야 하는 이유에 대한 글을 쓸 때 작성한 것이다. 참고로 봐주기 바란다.

· 그림 3 교육현장에 보이스 트레이닝을 도입해야 하는 이유 ·

메인 메시지	목소리는 삶을 더욱 나은 수준으로 끌어올리는 기술 중 하나이므로 학교 교육에 보이스 트레이닝을 도입해야 한다.

서브 메시지

좋은 목소리는 성격이나 인상, 설득력에 좋은 영향을 끼친다.	많은 사람이 안 좋은 목소리로 손해를 보고 있는데 이는 훈련을 통해 바뀔 수 있다.	학교에서는 자신의 진짜 목소리를 내는 방법을 가르쳐주지 않는다.

이유

당당하고 울림이 좋은 목소리는 신뢰감을 준다.	또랑또랑한 목소리는 듣는 이에게 편안함을 느끼게 한다.	말하는 것이 즐거워지고 성격도 밝아진다.	중얼거리는 목소리로 프레젠테이션을 하면 자신감이 없어 보인다.	발음이 나쁘면 듣기가 어려워서 듣는 이가 스트레스를 받는다.	목이 빨리 쉬면 말하는 것이 두려워진다.	잘 받아들여진다.	목소리가 큰 아이의 의견이 더	커가면서 복식호흡에서 흉식호흡으로 바뀐다.	목소리는 선천적인 것이라는 선입견이 있다.

자료 · 사례

성공한 비즈니스맨의 대부분은 울림이 좋은 목소리를 가지고 있다.	메라비언의 법칙에 따르면 전체 인상의 40%를 차지한다.			음식점에서 주문할 때나 전화통화 시 상대방이 자꾸 되묻는다.	성격이 어두운 사람은 목소리도 밝지 않다.		왕따를 당하는 아이들 중에는 목소리가 가는 아이들이 많다.	발성에는 복식호흡이 좋다.	

양식을 만든다

결혼 축사나 조문 인사말을 갑자기 작성해야 할 때가 있다. 늘 쓰던 글이 아니므로 바로 글을 쓸 수 있는 사람은 아마 많지 않을 것이다. 나도 그렇다. 어떻게 써야 할지 몰라서 이런 경우에는 대개 인터넷으로 예문을 검색하거나 책을 찾아보게 된다.

그런데 결혼식장이나 장례식장에서 근무하는 사람이라면 이러한 글을 쓸 때 막힘없이 술술 잘 쓸 것이다. 이미 여러 상황을 경험해서 그에 맞는 양식을 익히 알고 있을 테니 말이다.

양식을 많이 알면 알수록 '이런 상황에서는 이렇게 쓰면 되는구나', '이런 경우에는 문장을 이렇게 구성해야겠다' 하는 판단을 바로 내릴 수 있다.

상대방이나 상황에 맞춰서 적합한 양식을 고르고, 그 양식에 따라서 생각하고 쓰고 이야기하면 업무 속도가 훨씬 빨라진다.

처음에는 정해진 양식을 그대로 베껴 쓰는 수준이겠지만, 익숙해지고 경험이 쌓이면 응용력이 늘어서 실력이 향상되는 효과를 얻을 수 있다.

사실과 의견을 간파한다

비즈니스상의 대화나 문서에서는 사실과 의견을 구별하는 것이 중요하다.

사실(팩트)은 사람에 따라서 바뀌는 일이 없지만 의견은 달라질 수 있어서 읽는 이나 듣는 이가 오해를 할 우려가 있기 때문이다.

그 반대의 경우도 마찬가지다. 자신이 작성한 보고서나 제안서에 사실과 의견이 혼동되어 있으면 자신의 판단과 주장이 받아들여지지 않을 가능성이 크다.

예문 ❶

다음의 문장은 사실일까, 의견일까?

"저 회사는 득을 보고 있다."

예문 ❷

다음의 문장은 사실일까, 의견일까?

"상장 기업 가운데 올해 흑자를 기록한 기업은 40%다."

예문①은 의견이다. 득을 보는지 아닌지는 사람에 따라 느끼는 정도가 다르기 때문이다. 어떤 이는 득을 본다고 생각할 수 있지만 다른 어떤 이가 보기에는 전혀 그렇지 않을 수 있다.

예문②는 사실이다. 흑자인지 아닌지는 누구나 객관적으로 판단을 내릴 수 있고, 40%라는 숫자도 계산 방법만 같으면 같은 결과가 도출되기 때문이다.

예문 ❸

Ⅰ 미국의 시청각 교육 전문가 에드거 데일Edgar dale의 학습 방법
에 따른 학습 내용의 습득 정도에 관한 연구에 따르면, 학습 후
2주일이 지났을 때 '학습 내용을 다른 이에게 전달하고 나눈 경
우'에는 90%를 기억하고, '독서로 학습한 경우'에는 10%밖에 기
억하지 못한다고 한다.

Ⅱ 이에 따르면 독서는 손쉬운 학습 방법이기는 하나 매우 비효율
적인 방법이라고 할 수 있다.

10%	읽는다.
20%	듣는다.
30%	사진·그림을 본다.
50%	텔레비전·동영상을 본다.
	전시물을 본다.
	실연·현장을 견학한다.
70%	실습·토론에 참가한다.
90%	직접 실연하고 모의실험을 한다.
	실제로 체험한다.

에드거 데일 《학습의 원추Cone of Learning》

예문③의 I은 누군가가 말한 것이므로 날조한 것이 아니라면 사실이다.

예문③의 II는 꽤 사실처럼 보이지만 의견이다.

앞의 글은 얼마만큼 기억하느냐, 즉 기억력만을 이야기하고 있다. 하지만 학습 능력에는 논리적 사고력이나 상상력까지 모두 포함되므로 기억력만으로 학습 효과를 측정할 수는 없다. 뭉뚱그려 독서가 비효율적이라고 말하기에는 근거가 부족하다.

이렇게 사실과 의견을 구별해가며 내용을 파악하면 더욱 논리적이고 객관적인 글을 쓸 수 있다. 동시에 글쓴이의 주장에 무작정 이끌려가는 일 없이 더욱 정확하게 내용을 분석할 수 있다.

글을 구조화한다

이어서 문장 단위로 구조화하는 연습을 해보자. 구조화에 대해서는 앞에서도 언급했는데, 다시 한번 설명하자면 같은 내용의 문장끼리 묶어서 그것들이 어떻게 연결되어 있는지를 가시화하는 작업을 뜻한다.

예컨대,

쿠키는 밀가루와 버터와 설탕으로 만든다.
이를 구조화하면,
쿠키=밀가루+버터+설탕

이라고 표현할 수 있다.

> **태풍의 영향으로 전철이 멈췄다.**
> 이를 구조화하면
> **태풍→전철이 멈췄다.**

이처럼 원인과 결과의 관계를 화살표로 표현할 수 있다.

구조화하는 방법에 특별한 규칙이 있는 것은 아니지만, 제3자가 보기에도 흐름이나 관계를 정확하게 알 수 있도록 표현해야 한다.

〈그림4〉의 Ⅰ은 카레 만드는 방법을 구조화한 것이다. 앞부분에는 카레 만드는 방법이 전체적으로 표현되어 있고 그 뒤에는 구체적인 방법이 단계별로 나와 있다.

〈그림4〉의 Ⅱ는 컴퓨터 제조회사 A에 대한 설명문을 구조화한 것이다. 상품 라인업이 상하 관계나 출시 날짜순이 아닌 병렬 관계로 나와 있으므로 이를 같은 단계에서 병렬 구조로 풀어서 설명했다.

이렇게 구조화하는 훈련을 하면 글을 구성하는 전체와 각 요소의 관계를 정확히 알 수 있어 논리적인 표현에 도움이 된다.

① 카레 만드는 방법은 다음과 같다. 우선 재료를 잘라서 볶는다. 이어서 물을 넣고 끓인다. 마지막으로 카레 가루를 넣으면 완성된다.

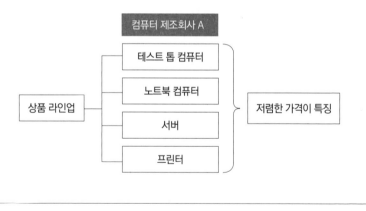

② A사는 컴퓨터 제조회사다. 상품 라인업은 데스크 톱 컴퓨터, 노트북 컴퓨터, 서버, 프린터다. 모두 저렴한 가격이 특징이다.

추상화 능력이
사고 속도를 높인다

추상화 능력이란 새로 알게 된 지식이나 정보를 자신의 상황에 맞게 적용해서 활용하는 능력을 말한다. 구체적인 일이나 사건을 한 단계 상위의 개념으로 바꾸어 높은 곳에서 내려다보며 생각할 수 있는 능력, 즉 응용력과 재현 능력이 바로 추상화 능력이다.

추상화 능력이 낮으면 어떤 곳에서 좋은 실적을 냈더라도 부서나 회사가 바뀌면 좀처럼 실적을 내지 못하게 되고, 담당하는 상품이나 고객이 바뀌면 이전과 달리 계약을 맺지 못하게 된다.

추상화 능력이 높은 사람은 하나의 성공 체험에서 자신

에게 필요한 요소를 뽑아 이를 다른 곳에 응용할 수 있다. 그래서 어떤 분야에서 성공을 거두었으면 다른 분야로 이동하더라도 다시 한번 성공을 재현할 수 있다.

프로 스포츠 선수나 바둑 기사, 아티스트와 같이 표면적으로는 비즈니스와 관계없을 듯한 사람이 비즈니스에 도움이 되는 발언을 하거나 비즈니스 책을 쓸 수 있는 까닭은 그들에게 추상화 능력이 있기 때문이다.

구체화한다

앞에서 추상화 능력의 필요성에 대해 강조했다. 그런데 추상적 표현만으로는 무엇을 말하는지 모호할 때가 많다.

예컨대 "과일을 먹고 싶다"는 말은 사과를 먹고 싶은지 바나나를 먹고 싶은지 분명하지 않다.

회사에서도 알맹이가 없는 원론적인 이야기만 되풀이하는 사람이 있는데 이런 사람은 구체화하는 능력이 부족한 것이다.

'평가 제도를 재검토해야 한다'라는 의견이 있다고 해보자. 그런데 평가 제도가 제대로 기능하려면 제도의 '설계 ×운용'이라는 두 축이 동시에 작동해야 한다. 따라서 평가

제도를 검토하자고 할 때는 이 두 가지 축을 내다보고 구체적으로 안건을 내지 않으면 설득력이 없다.

흔히 하는 말 중에 '성실하지 않다'는 말도 그렇다. 언뜻 그럴듯하게 들리지만, 성실한지 그렇지 않은지는 그 사람의 가치관이나 처한 상황에 따라서 얼마든지 달라질 수 있다. 몇 가지 단편적인 경험만으로 섣부르게 결론 내려서는 안 된다. 많은 시간을 투자했다고 반드시 좋은 결과가 나오는 것이 아니고, 성실한 것도 아니다. 오히려 짧은 시간 집중해서 좋아하는 일을 할 때 최고의 결과가 나오는 경우가 많고, 그런 사람이야말로 자신의 인생에 성실한 사람이라고 할 수 있다.

구체화하는 능력이 생기면 원론적인 이야기나 추상적인 개념에서 끝나지 않고 상대방의 장단에 휘둘리는 일 없이 의사를 결정할 수 있다.

열심히 하고 있다고 말하는 사람은
정말로 열심히 하고 있는 걸까?

예문)

이 문장을 읽고 적절하게 응수해보자.

"저희도 열심히 하고 있습니다."

답변예)

무엇을 어느 정도 열심히 하고 있습니까?

무엇과 비교해서 열심히 한다는 겁니까?

열심히 한다는 것의 정의가 무엇입니까?

그걸 열심히 한다고 할 수 있습니까?

성격이 나쁜 사람으로 보이겠지만 이건 어디까지나 연습일 뿐이다.

우리는 추상적인 표현을 들으면 무심결에 '그렇구나' 하고 수긍하는 경향을 보인다.

하지만 그렇게 하면 그 시점에서 생각이 끝나버린다. 일단 추상적인 표현을 들었다면 구체적으로 무엇이 어떻다는 이야기인지 한 번 더 생각해야 한다.

이러한 습관을 기르면 세간의 소문이나 뉴스를 접했을 때 '구체적으로 무엇이 어떻다는 말이지?' 하고 한 번 더 생각하게 되고, 그러면 부정확한 정보나 수상한 정보를 간과해낼 수 있게 된다.

예컨대, 정치가들이 흔히 말하는 "근본적인 개선이 필요하다"라는 말도 얼핏 들으면 무언가 중요한 이야기를 하는 것 같지만 사실은 실체가 없는 추상적인 발언일 뿐이다.

구체화하는 능력이 있으면
남에게 속지 않는다

구체화하는 능력을 단련하면 상대방 주장의 모순을 알 아차릴 수 있다.

예를 들어, 어떤 IT 회사나 컨설턴트에게서 "스마트폰이나 터치패널 단말기를 도입하면 업무를 효율적으로 처리할 수 있습니다"라는 제안을 받았다고 해보자.

그러면 당신은 실제로 효율화가 이루어진 사례를 요구할 것이다. 이때 상대방의 답변을 예상해보자.

"언제 어디에서나 메일을 확인할 수 있습니다."

"문서를 클라우드와 같은 온라인 기억장치에 보관해두면 외출한 곳에서도 자료를 참조할 수 있습니다."

"고객에게 설명할 때 시각 자료로 활용할 수 있습니다."

상대방이 이런 말을 하면서 다른 회사나 다른 비즈니스맨의 사례를 들어 설명할지도 모른다.

만약 당신에게 구체화 능력이 있다면 이런 의문들이 떠오를 것이다.

'확실히 편리하기는 하지만 그걸 효율화라고 부를 수 있을까?'

'그것이 고객만족으로 이어질까?'

'단말기 도입에 드는 비용 이상으로 수익이 창출될까?'

편리함과 효율화는 언뜻 비슷해 보이지만 사실은 다른 개념이다.

구체적으로 따져서 상대가 효율화라는 실질적 이득이 아니라 편리함을 이야기하고 있음을 간파하게 된 당신은 과연 그 편리함을 얻기 위해 그만한 비용을 지불해도 되는지, 그 비용 이상으로 수익이 날 수 있는지를 냉정하게 판단하기 시작할 것이다.

하지만 구체적으로 따져보지 못한 사람은 효율화라는 환상에 속아서 각종 디지털 도구나 클라우드 서비스에 돈을 지불할 것이고, 비록 편리해지기는 할 테지만 비용 면에서 이득을 보지는 못할 것이다.

　세상에 넘쳐나는 다양한 정보를 더욱 합리적으로 판단
하려면 구체적으로 생각하는 힘을 길러야 한다.

비교한다

이 세상에 존재하는 거의 모든 것들은 상대적이다.

예컨대, '값이 싸다, 비싸다', '빠르다, 느리다', '맛있다, 맛없다', '대단하다, 별 것 아니다'와 같은 말들은 모두 무언가와 비교했을 때 그렇다는 말이다.

일도 그렇다. 무언가와 비교해야 비로소 의사결정을 내릴 수 있다.

"이번 달 판매액이 좋았다"라거나 "손님이 늘었다"고 말할 때는 무엇을 기준으로 그러했는지를 밝혀야 한다. 비교 기준이 없으면 정말로 좋았는지 알 수 없다.

비교 기준이 지난달인지, 작년인지, 자사의 다른 점포인지, 경쟁 업체인지, 예산인지, 예상인지를 밝혀야만 정확한 내용을 파악할 수 있다.

이번 달 판매액이 1,000만 원이었다고 해보자. 지난달 판매액이 300만 원이었으면 이번 달 판매액은 매우 좋은 편이다. 하지만 지난달 판매액이 2,000만 원이었으면 반대의 평가가 내려질 것이다.

비교 기준이 다른 점포이고 그 점포의 판매액이 5,000만 원이라면 비록 지난달보다 늘기는 했어도 판매액이 좋다고는 할 수 없다.

또한 사람이 느끼는 정도도 상대적이다. 100억 원은 되어야 많다고 느끼는 사람이 있는가 하면, 1,000만 원만으로도 충분하다고 느끼는 사람이 있다.

생각은 '비교하기'라고 해도 과언이 아닐 정도로 우리는 다른 것들과 비교해본 후 비로소 판단하고 결론 내리는 상대적인 세계에서 살고 있다.

수치로 나타낸다

구체적으로 비교할 수 있는 방법 중 하나가 수치로 나타내는 것이다. 특히 비즈니스에서는 수치로 표현하는 것이 매우 중요하다.

예컨대, 다음과 같은 문장을 보았을 때 어떤 생각을 해야 할까?

예문)

"젊은이의 범죄가 최근 증가하는 경향을 보이고 있다."

젊은이란 10대나 20대를 가리키는 걸까? 70대가 보기에는 40대도 젊은이다.

최근이란 언제를 말하는 걸까? 작년과 비교했는지, 10년 전과 비교했는지에 따라서도 결과는 많이 달라질 것이다.

단순히 증가했다고만 설명할 것이 아니라 백분율(%)과 함께 전체 건수도 밝혀야 한다. 50% 증가했다고 하면 꽤 많이 증가한 것 같지만 2건이 3건으로만 늘어도 50%가 된다.

단어의 정의나 범위를 특정하지 않으면 잘못 해석하거나 그릇된 주장을 하게 될 우려가 있다.

환경문제에 있어서도 사람들은 어쩐지 추상론만 듣고 움직이는 경향이 있다. 온난화 방지나 이산화탄소 배출량 줄이기 등은 반론을 제기하기 어려운 말이다. 하지만 이를 수치로 바꾸면 어떻게 될까?

대기에 차지하는 이산화탄소의 비율은 0.03%에 불과하다. 그리고 일본이 세계 이산화탄소 배출량에 차지하는 비율은 5% 정도다. 세계 3위의 경제력을 갖고 있음에도 말이다.

그렇다면 이산화탄소는 정말로 지구 온난화의 주범일까? 이산화탄소 배출량을 줄이기 위해 일본은 지금보다 더 많은 노력을 기울여야 할까? 지금까지의 대책들은 과연 얼마큼 효과가 있었을까?

추상론을 수치로 바꾸기만 해도 지금까지와는 다른 많은 논의를 펼칠 수 있다.

추상적인 표현이나 도덕적인 표현을 보면 왠지 모르게 수긍하고 넘어가게 되는데, 가능하다면 이를 수치로 바꾸어서 비교하는 습관을 길러야 한다.

문장의 관계를 정리한다

　논리적으로 대화하고 글을 쓰려면 사물의 관계를 명확하게 밝혀야 한다. 이를 위해서는 접속사를 잘 써야 한다.

　접속사를 적절하게 쓰는 것이 논리적 사고력을 향상시키는 비결 중 하나다.

　이 책은 국어책이 아니므로 자세한 내용은 생략하고, 논리적인 문장에 필요한 몇 가지만 추려서 설명한다.

　예컨대 'A이면 B, B이면 C, 고로 A이면 C(A=B, B=C, A=C)'라는 서술방식은 논리적 글쓰기에서 자주 등장하는 예이다. 이를 삼단논법이라고 부른다.

　대화할 때나 글을 쓸 때 이처럼 사물의 관계를 정리해서 표현해주면 무엇을 이야기하든, 상대방이 누구든 간에 알기 쉽게 논리적으로 전달할 수 있다.

원인과 결과의 인과관계인지, 선택지를 나열한 병렬관계인지, 그 관계를 적절하게 표현하려면 논리적 사고가 뒷받침되어야 한다.

머릿속에서 이러한 관계가 순식간에 정리되면 글도 빨리 쓸 수 있고 대화할 때도 조리 있게 말할 수 있다.

예문)

"날씨가 나빴다. 그래서 매출액이 좋지 않았다."

이 문장을 읽고 어떤 느낌이 들었는가? 사실 이 문장에는 논리의 비약이 숨어 있다.

악천후 탓에 고객의 발길이 뜸해졌다.

위의 내용이 빠져 있는 것이다.

예문에 나온 문장은 진짜 이유가 빠져 있어서 인과관계

가 명확하지 않다. 따라서 읽는 이가 정확하게 이해하려면 아래와 같이 표현해야 한다.

> **날씨가 나빴다. 손님의 발길이 끊겼다. 그래서 매출액이 좋지 않았다.**

단, 이것은 읽는 이의 지식수준에 따라 얼마든지 달라질 수 있다.

같은 배경을 가지고 있는 사람이라면 다소 논리적이지 않더라도 하고 싶은 이야기를 충분히 전달할 수 있다.

읽는 이가 소매업이나 음식점에서 일하는 사람이라면 날씨가 나쁘면 손님이 준다는 사실을 이미 알고 있을 것이다. 서로 공통된 인식이 있으면 예문의 글처럼 중요한 이유가 빠졌더라도 무슨 말인지 쉽게 이해할 수 있다.

즉, 읽는 이와 문맥을 어느 정도 공유하느냐에 따라 논리를 얼마만큼 비약할 수 있느냐가 결정된다.

다음의 예를 보자.

> ① 술을 좋아한다. 그래서 와인도 좋아한다.
> ② 술을 좋아한다. 그래서 찐빵도 좋아한다.

①은 누가 읽어도 수긍할 수 있는 문장이다. 하지만 ②는 아마도 많은 사람이 '응?' 하고 이상하게 느꼈을 것이다.

와인은 술의 일종이므로 '술이 좋다=와인이 좋다'라는 상관관계에 위화감이 느껴지지 않는다.

하지만 찐빵과 술의 공통점은 바로 떠오르지 않는다.

'술이 좋다=단 음식이 좋다'라는 전제 조건이 있다면 또 모르겠지만, 일반적으로는 '술이 좋다=단 음식이 싫다'라는 인식이 있으므로 읽는 이는 혼란스러울 수밖에 없다.

②의 경우에는 '그래서'라는 인과관계를 표현하는 접속사가 아니라, '그러나'라는 역접의 접속사를 사용해야 읽는 이의 이해를 도울 수 있다.

그렇다면 문장의 관계가 올바른지 확인하는 방법에는 어떤 것들이 있을까?

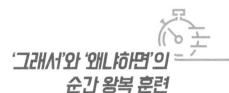

'그래서'와 '왜냐하면'의
순간 왕복 훈련

접속사가 올바른지, 즉 논리적인 글인지를 확인하려면 문장의 순서를 바꾸어도 뜻이 같은지를 알아보면 된다.

문장의 순서를 바꿀 때는 '왜냐하면'을 넣는다.

바른글)

술을 좋아한다. 그래서 와인도 좋아한다.
'왜냐하면'을 넣어서 문장의 순서를 바꾸면,
→ 와인을 좋아한다. 왜냐하면 술을 좋아하기 때문이다.

> 그른글)
>
> **술을 좋아한다. 그래서 찐빵도 좋아한다.**
> '왜냐하면'을 넣어서 문장의 순서를 바꾸면,
> **→ 찐빵을 좋아한다. 왜냐하면 술을 좋아하기 때문이다.**

"술을 좋아한다. 그래서 와인도 좋아한다"는 문장의 순서를 바꾸어도 뜻이 달라지지 않는다. 하지만 "술을 좋아한다. 그래서 찐빵도 좋아한다"는 문장의 순서를 바꾸면 "찐빵을 좋아한다. 왜냐하면 술을 좋아하기 때문이다"가 되어 무슨 말인지 알 수 없게 된다.

즉, "술을 좋아한다. 그래서 와인도 좋아한다"는 논리적인 문장, "술을 좋아한다. 그래서 찐빵도 좋아한다"는 논리적이지 않은 문장이다.

문장의 순서를 바꾸어서 '그래서'와 '왜냐하면'을 단시간에 왕복하는 훈련을 하면 인과관계를 재빨리 파악할 수 있게 된다.

'즉'과 '예컨대'의
순간 왕복 훈련

　문장의 관계를 빨리 정리할 수 있는 훈련 방법을 하나 더
알아보자.

　'즉'과 '예컨대'를 왕복하는 것이다.

하이브리드 차가 잘 팔린다. 예컨대, 도요타의 프리우스 모델이 히
트했다.
도요타의 프리우스 모델이 히트했다. 즉, 하이브리드 차가 잘 팔
린다.

　하이브리드 차를 구체화하면 도요타의 프리우스가 되고,

도요타의 프리우스를 추상화하면 하이브리드 차가 된다.

'예컨대'가 구체화, '즉'이 '추상화를 나타내므로 구체화와 추상화의 왕복 훈련이라고도 할 수 있다.

이 관계는 다음과 같이 표현된다.

하이브리드 차
↓ 예컨대 ↑ 즉
도요타의 프리우스

단계를 더 높여보자.

하이브리드 차를 더욱 추상화하면 '자동차', 이보다 더 추상화하면 '탈 것'이라고 표현할 수 있다. 그래서

탈 것
↓ 예컨대 ↑ 즉
자동차
↓ 예컨대 ↑ 즉
하이브리드 차
↓ 예컨대 ↑ 즉
도요타의 프리우스

헬리콥터처럼 순식간에 상승하여 추상화하고, 다시 급하강하여 구체화하는 훈련을 반복하면 사고회로의 속도가 더욱 빨라진다.

"그렇다는 말은?"
연상 훈련

뉴스나 책을 본다고 바로 자신의 삶에 어떤 도움이 되지는 않는다. 그러한 정보를 자신의 삶으로 끌어들이는 데 도움이 되는 훈련 중 하나가 "그렇다는 말은?"이라는 질문을 입버릇처럼 던지는 것이다.

이것은 어떤 현상이나 말에서 그것이 시사하는 바를 찾아내는 훈련인데, 예를 들면 아래와 같다.

> **바퀴벌레가 나왔다.**
> 그렇다는 말은?

안에 100마리 이상 숨어 있을지도 모른다.

그렇다는 말은?

빨리 없애지 않으면 바퀴벌레가 또 나온다.

그렇다는 말은?

바퀴벌레 박멸용 먹이를 놓든지 훈연 살충제를 써야 한다.

"그렇다는 말은?"이라는 질문을 던지면 우리 뇌는 자동으로 그 말에 담긴 의미나 그것이 나타내는 것을 찾으려고 움직인다. 경영 컨설턴트들의 입버릇 중에 "So What?(그래서 뭐?)"라는 말이 있는데 그와 비슷하다.

"중국 경제는 붕괴하는가?"라는 말을 들었을 때 질문을 던지지 않으면 사고는 그 자리에서 멈춘다. 하지만 "그렇다는 말은?"이라는 질문을 던지면 중국 경제가 붕괴했을 때 닥칠 영향이라든가 그에 대한 대책 등을 생각하게 된다.

사고력을 키우려면 질문을 던지고 생각하는 습관을 길러야 한다.

5장

'다른 사람 인생의 장기 말'에서
벗어나기 위해
알아야 할 것

메일 작성에
시간을 들이지 않는다

시간과 집중력을 빼앗기는 일 중에 대표적인 것이 메일 작성이다. 게다가 메일을 작성하고 있으면 마치 일을 한다는 기분이 들어서 문제다.

나 역시 그렇다. '오늘은 일을 참 열심히 했구나' 하는 생각이 들어서 하루를 돌아보면 의외로 진행 상황을 확인하거나 상대방과 연락을 주고받는 일, 즉 한 푼도 벌어들이지 못한 일에 대부분의 시간을 허비했음을 깨닫게 될 때가 있다.

그래서 빈번하게 메일을 주고받는 상대에게는 "○○의 ○○ 님께"라든가 "늘 신세를 지고 있는 ○○의 ○○입니다"와 같은 인사말은 되도록 줄이고 용건만 간단히 쓰려고 한다.

물론 모든 사람에게 그럴 수는 없다. 거래처의 연장자나 단골 고객에게 인사말도 생략하고 메일을 보냈다가는 큰 실례를 범하게 된다. 하지만 사내 직원에게 보낼 때는 제목에만 "[확인] ○○에 관하여 확인하고 연락해주십시오(내용무)"라고 적어도 그다지 문제가 되지 않는다.

만약 연락할 사항이 여러 개라면 문장으로 쓰기에는 시간이 오래 걸리므로 항목별로 정리해서 보내는 것이 좋다. 그러면 메일 작성 속도가 빨라질 뿐만 아니라 상대방도 알아보기 편하다.

답장을 받아야 할 항목이 많거나 상대방이 잘 잊어버리는 사람이라면 항목별로 번호를 붙여보자. 그러면 "○○에 관한 안건은……" 하고 쓸 필요 없이 "3은 처리되었습니다", "5는 조금 더 기다려 주십시오"라고 답하면 되므로 내용도 명확해지고 시간도 절약된다.

메일 답장을
서두르지 않는다

　"일 처리가 빠른 사람은 메일 답장을 빨리 보낸다"라는 이야기를 들어본 적이 있을 것이다. 물론 그럴 수도 있지만, 나는 꼭 답장을 빨리 보내야 한다고 생각하지 않는다.

　아침에 메일을 확인하기는 하지만 답장은 대개 오후에 보낸다. 오전 중에는 그보다 더 중요한 일을 처리하는 것이 효율적이기 때문이다. 답장을 작성하느라 시간과 집중력을 낭비하면 정작 중요한 업무가 뒤로 밀리게 된다.

　물론 곧바로 답장을 보내야 할 때도 있지만, 꼭 그렇지 않아도 되는 메일이나 문장을 잘 다듬어야 하는 메일은 나중으로 미룬다. 특히 답신 내용이 까다로운 경우에는 즉시 답을 하지 않고 일단 미뤄놓으면 생각이 정리되어 오히려 답하기가 쉬워지기도 한다.

상대방에게 충고해야 하거나 주장을 강하게 펼쳐야 할 때, 혹은 이해관계가 대립할 때 빨리 답장을 보내려고 서둘러 메일을 작성하다 보면 오히려 문제가 커질 수도 있다.

속도를 너무 의식한 나머지 사실 확인 과정을 소홀히 할 수도 있고, 잘못된 표현이나 단어를 선택해서 상대방에게 불쾌감을 주거나 신뢰를 잃을 수도 있다.

그런 불상사를 피하기 위해서라도 상대방의 감정을 배려해서 신중하게 답해야 할 경우에는 즉시 답장을 쓰기보다 다음 날, 혹은 그다음 날로 미루는 것이 낫다.

단, 답장이 며칠 뒤로 미뤄질 때는 "3일 후까지 연락드리겠습니다" 하고 우선 급한 대로 짧게 답을 해두어야 한다.

메일 답장을 빨리 보내야 한다는 고정관념은 버리자. 상대방이나 내용에 따라서 유연하게 대처하면 된다.

처리한 메일을
수신함에 남겨두지 않는다

나는 이미 처리한 메일은 안건별로, 용도별로 폴더를 작성해서 그 안에 넣는다.

오랫동안 연락을 주고받아야 하는 사람이나 회사에서 온 메일은 그 사람의 이름이나 회사 이름으로 폴더를 만든다. 이렇게 하면 수신함에는 비록 읽었더라도 처리하지 않은 메일만 남게 되어 답신을 잊거나 미처 확인하지 못하고 넘어가는 불상사를 막을 수 있다.

수신함에 나열되는 메일이 그대로 'To-Do 리스트'가 되는 것이다.

모든 일 처리가 끝난 폴더는 다시 '종료했음'이라는 폴더

안에 넣는다. 그러면 진행 중인 폴더만 남게 되어 보기에 편하다.

예를 들어, 회사에서 태양광 발전에 관한 프로젝트를 맡았다고 해보자. 그러면 '태양광 발전'이라는 폴더를 만들고, 이 일에 관해서 답장을 보냈거나 처리한 메일은 그 폴더 안에 넣는다. 프로젝트가 끝나면 폴더 자체를 '종료했음' 폴더로 이동시킨다.

나는 사적인 메일도 같은 방법으로 정리한다. 현재 집을 짓는 중이어서 건축설계사무소와 메일을 주고받고 있는데, 이 메일은 '집'이라는 폴더에 넣는다. 집이 완공되면 이 폴더 역시 '종료했음' 폴더로 옮길 예정이다.

텔레비전을 끄고
신문을 끊는다

새로운 시간을 창출하려면 해도 그만 안 해도 그만인 일
은 관두어야 한다. 이런 일은 자신만 중요하다고 믿고 있을
뿐 사실은 불필요한 일에 지나지 않는다.

예컨대, 중요한 정보원이라는 생각에서 뉴스 프로그램을
시청하는 사람이 있는데 사실 이런 프로그램은 큰 도움이
되지 않는다. 이렇게 알게 된 정보는 주체적으로 모으고 생
각한 정보가 아니기 때문이다. 어떤 뉴스가 보도되었을 때
'어떻게 된 일이지?' 하고 의문을 가지게 되더라도 방송의
특성상 곧이어 다른 뉴스가 흘러나온다. 골똘히 생각하거
나 관련 정보를 조사할 시간도 없이 잇달아 새로운 뉴스에

정신을 빼앗기게 되는 것이다.

이런 반복이 과연 자신의 인생에 긍정적인 작용을 한다고 할 수 있을까? 그럴 확률은 매우 낮다.

신문도 마찬가지다. 어떤 기사를 깊이 탐구하기보다 전체 기사를 내려다보는 기분으로 훑어보기 십상이다. 때로는 관심 있는 기사를 집중해서 읽기도 하겠지만 사실 관계나 정보만 나와 있을 때가 부지기수고, 이런 기사는 아무리 많이 읽어도 자신에게 이득이 되는 지혜가 되지 못한다. 그리고 다음 날이면 새로운 신문이 도착하고, 어제의 헤드라인이 무엇이었는지도 기억하지 못한 채 같은 과정을 반복하게 된다.

자신의 평소 행동을 돌아보면, 이처럼 '필요할 것이다', '중요할 것이다'라는 막연한 생각으로 습관적으로 반복하고 있지만 사실은 쏟은 시간이나 비용에 비해 리턴이 거의 없는 일이 매우 많음을 알 수 있다. 이런 이유로 나는 10년 가까이 신문을 읽지 않고 있으며 텔레비전도 거의 보지 않는다. 대신 필요한 정보를 주체적으로 찾아서 보는 방식을 택한다.

안부 인사에
얽매이지 않는다

찬반양론이 있겠지만, 나는 특별한 시기를 맞이해서 안부 인사를 주고받는 데 시간과 노력을 들이는 것이 불필요한 행동이라고 생각한다.

예컨대, 연말이면 거래처를 돌면서 한 해 동안 감사했다는 의미로 회사 이름이 들어간 달력을 나눠주기도 하고 연하장을 보내기도 한다. 또 새해가 밝으면 인사장과 함께 회사 이름이 새겨진 수건을 나눠주기도 하고 선물을 보내기도 한다. 한 해에 몇 번쯤은 이런 광경을 흔하게 본다.

물론 신세를 진 분께 감사의 마음을 전하거나 소원해진 친척에게 안부를 묻는 일을 부정적으로 볼 필요는 없다. 다만, 일에 관해서만 놓고 보자면 인사치레에 들이는 시간이나 노력에 비해 돌아오는 이익이 매우 적다.

아무것도 보내지 않았다고 해서, 연하장을 보내지 않았다고 해서 그 사람 혹은 그 회사와 거래하지 않겠다고 결정하는 이가 과연 몇 명이나 될까?

게다가 요즘에는 연하장이 불필요한 시대다.

학창시절 친구나 예전 직장의 동료 등도 SNS로 연결되어 있기만 하면 언제든지 근황을 알 수 있고, SNS상에서 쉽게 "새해 복 많이 받으세요"라고 연락을 주고받을 수 있다. 쉽고 빠르게 안부를 물을 수 있으니 애써 연하장을 보내는 사람이 오히려 더 부자연스럽게 느껴지기까지 한다. 또한, 거래처나 일 때문에 알게 된 사람에게서 안부 엽서나 카드가 오면 '아, 왔구나' 하는 정도로 넘기는 사람이 훨씬 더 많을 것이다.

만약 상대방이 이런 예의를 중요하게 생각한다면, 혹은 이렇게 예의를 갖추는 것이 영업상 유리하다면 그때는 착실하게 계절마다 인사도 드리고 선물도 보내면 된다.

시대가 바뀌고 상황이 바뀌면 상식도 변한다. 단순히 '해마다 했으니까', '관례니까', '전통이니까'라는 이유로 이득이 되지 않는 일을 반복하는 것은 그만두는 게 낫다. 시간을 창출하고 싶다면 한 번쯤은 지금까지의 관행이나 습관을 진지하게 되돌아볼 필요가 있다.

하지 않아도 곤란해지지 않는 일은 하지 않는다

'이것도 해야만 하고, 저것도 해야만 하고……' 하는 생각이 들어 마음이 초조하다면 다음의 세 가지 질문에 답해 보자.

① 그 일은 꼭 해야만 하는 일인가?
② 하지 않으면 곤란한 상황이 발생하는가?
③ 되돌릴 수 없을 정도로 심각한 피해를 입는가?

이 세 가지 질문에 모두 "YES"라고 답할 수 없는 일은 아예 관두거나 나중으로 미루는 것이 좋다.

집 안 청소나 세탁을 예로 들어보자.

①에는 YES라고 답하겠지만 ②는 어떨까? 청소나 세탁을 하지 않으면 보기에 좋지 않을 수 있고 너저분하게 널려 있는 물건이 발에 챌 수도 있다. 배우자가 화를 낼 수도 있고 어떤 물건을 찾기가 힘들어질 수도 있다.

그렇다면 ③은 어떨까? 청소를 안 한다고 해서 심각한 질병에 걸리는 것도 아니고 돈이 줄어드는 것도 아니다. 몇 개월간 방치하면 먼지가 쌓이고 곰팡이가 슬 우려가 있지만 한창 바쁠 때는 '아이고 모르겠다' 하고 내버려 둘 수도 있다.

일도 그렇다. 모든 일을 습관적으로 하는 것이 아니라 '이 자료가 정말로 필요할까?', '이 작업을 관두면 곤란한 사람이 생길까?' 하고 되돌아보면 하지 않아도 괜찮은 일을 발견할 수 있다. 그 일은 과감하게 하지 않고 넘어가자.

기존의 시간관념에서 벗어나 유연하고 창의적인 발상으로 시간과 일을 새롭게 재편해보자. 성과 없이 바쁘기만 한 당신의 일상이 달라질 것이다.

야근하면 된다거나
휴일에 출근하면 된다는 생각을 버린다

　'일이 제시간에 안 끝나면 야근하지 뭐', '일이 많으니까 휴일에 나와서 하지 뭐'와 같은 생각이 지금 처리해야 할 일에 대한 집중력을 떨어뜨린다.

　많은 사람이 일하는 와중에 별생각 없이 습관처럼 잠깐 쉬거나 동료와 잡담을 하거나 페이스북을 훑어보거나 인터넷 뉴스를 읽곤 한다.

　그런데 '몇 시까지는 회사에서 나가자', '몇 시까지는 끝내자'와 같은 한계선을 그어놓으면 '지금 그런 걸 할 때가 아니다'라는 제동이 걸려서 처리해야 할 일을 앞에 두고 그다지 급하지도 않은 잡무를 보거나 휴식을 취하는 식의 현실도피를 하지 않게 된다.

하지만 스스로 설정한 한계선을 자신의 의지만으로 지키기는 어렵다.

이를 위한 방법 중 하나가 퇴근 시간 이후에 다른 일정을 잡아놓는 것이다.

취미생활, 친구와의 만남, 연극이나 영화 관람, 무엇이든 좋다. 약속을 잡아놓으면 지키지 않았을 때 누군가에게 피해를 주거나 금전적으로 손해를 입게 되어서 긴장감과 집중력을 끌어낼 수 있다.

날마다 어떤 일정을 잡기가 어렵다면 집에서 할 수 있는 즐거운 일들을 떠올려보자.

밤 9시부터 시작하는 드라마를 보는 것이 즐거움 중의 하나라면 재방송이나 녹화방송이 아닌 본방송을 보겠다고 마음을 먹는다. 애완동물을 기른다면 저녁 7시까지는 돌아가서 사료를 주겠다고 정하고, 저녁식사에 술 한 잔을 곁들이는 것이 즐거움이라면 저녁식사 시간 전까지는 집에 들어가기로 정하는 식이다.

내 경우에는 저녁 6시부터 맥주를 마시고 싶어서 그 전까지 어떻게 해서든 그날의 일을 마치려고 노력한다.

완벽주의를 내려놓는다

돈이 되지 않는 자료, 품질의 중요성이 요구되지 않는 자료는 글자의 폰트 크기나 서체, 레이아웃 등에 그다지 공을 들이지 말자.

상사에게 올리는 자료도 아주 윗선으로 올라가는 자료가 아니라면 완벽을 추구할 필요는 없다. 상사에게 귀중한 피드백을 받기 위해서가 아니라 그저 일의 진척 상황이나 업무 내용을 보고하기 위해 서류를 작성하는 것이라면 깔끔하게 적는 정도로도 충분하다.

부가가치로 이어지지 않는 일에는 지나치게 많은 에너지를 소비하지 말아야 한다.

나는 세미나나 강연을 위해 기본 자료를 만들 때 놀라울 정도로 간단하게 작성한다. 그저 항목별로 글자를 나열할 뿐이다. 전체 내용이 유익하고 재미있느냐가 중요하지, 자료의 형식이나 완성도가 강연의 가치를 결정하는 것은 아니기 때문이다.

예전에 편의점 본부에서 슈퍼바이저로 일할 때도 그랬다. 담당한 각 점포를 주 2회 이상 방문하는 것이 규정이었는데, 나는 1회째 방문 때 확실하게 이야기를 하고 2회째 방문 때는 잘 지켜지는지 확인하기만 했다. 이렇게 하면 주 후반에는 신경 쓸 일이 줄어 여유가 생긴다. 나는 이렇게 얻은 시간에 경쟁 업체나 새로 문을 연 상업 시설을 돌아보고, 거기에서 얻은 아이디어를 이용해서 담당 점포에 새로운 판촉 기획을 제안했다.

힘을 뺄 곳에서 힘을 빼지 못하는 완벽주의자는 많은 시간과 공을 들이는 것에 비해서 그다지 훌륭한 결과물을 얻지 못할 때가 많다.

분노에 휘둘리지 않는다

분노는 우리의 시간을 빼앗는 대표적인 감정 중 하나다.

어떤 것을 생각할 때마다 화가 나서 일이 손에 잡히지 않는다거나 잠자리에 들어서도 화가 풀리지 않아 잠이 오지 않았던 경험을 누구나 한번은 해보았을 것이다.

하지만 그런 시간은 아무런 득도 되지 않을뿐더러 오히려 생산성을 떨어뜨릴 뿐이다. 이에 대비해서 화가 났을 때 분노를 훅 날려버릴 방법을 마련해두자.

예를 들어, 생각해서는 안 되는 사람의 블랙리스트를 만들어보자. 세상 어디에나 자기중심적인 데다가 만나기만 하면 불쾌한 느낌이 드는 사람이 있기 마련이다. 이런 사람은 나의 성장이나 성공에 아무런 도움이 되지 않고 적절히 차단하지 않으면 내가 피해를 입기도 한다. 그러므로 그 사람이 떠오르면 즉시 '이 사람은 블랙리스트야. 생각하지 말자!' 하고 생각이 뻗어 나가는 것을 차단하는 것이다.

일을 하다 보면 '논쟁에서 졌다', '상대방의 의견에 반론을 제시하지 못했다', '나는 아무런 잘못이 없는데 내 탓이 되고 말았다'와 같은 상황이 발생하기도 한다. 그런데 계속해서 언짢은 채로, 찜찜한 채로 지내면 '그때 이렇게 반론할걸', '그때 왜 이렇게 말하지 못했을까?' 하는 안타까움과 반론이 머릿속을 맴돌게 된다.

이럴 때는 고소장을 작성해보자. 물론 실제로 고소하라는 말은 아니다. 고소한다는 마음으로 자신이 주장하지 못했던 점, 충분히 말하지 못해서 답답한 점, 지금 생각할 수 있는 최고의 반론 등을 전부 토해내는 것이다.

블로그도 좋고 노트도 좋고 메모장도 좋다. 어디에든 자신의 생각을 모조리 털어내고 나면 답답함도 풀리고 기분도 전환되어 지금 해야 할 일에 몰두할 수 있게 된다.

생각을 밖으로 끄집어내서 글로 적으면 머릿속에 쌓인 안 좋은 감정의 찌꺼기를 뱉어낼 수 있다.

남이 내 생각대로 움직이리라는
기대를 버린다

앞의 글에 이어서 마음가짐에 관한 이야기를 좀 더 해보자. 현명한 사람이라면 '상대가 내 생각대로 움직인다는 보장은 없다. 아니, 내 생각대로 움직이지 않을 때가 더 많다'라는 인식을 가지고 있어야 한다.

분노라는 감정은 상대방이 내 기대에 어긋난 말과 행동을 할 때 주로 일어나곤 한다.

상대방이 상사든 부하든 가족이든 친구든, 마찬가지다. 그가 내 기대와 다른 반응을 보이거나 내 생각대로 움직여주지 않으니까 화가 나는 것이다.

일을 할 때는 '상대방은 어차피 타인이다. 내 생각이나

기대대로 움직일 리가 없다. 타인에게 너무 의존하지 말자'
라는 자세로 임해야 한다.

또한, 남에게 무언가를 해줄 때는 대가를 기대하지 말고
'나'를 위해 해야 한다.

남을 위해 한다는 마음을 버리고 '내가 즐거워서, 내가
기뻐서, 내게 이익이 되니까' 한다는 마음으로 행동하면 기
대와는 다른 상황이 벌어져도 화가 치밀어오르거나 그 때
문에 우울해지는 것을 막을 수 있다.

스마트폰에
시간을 빼앗기지 않는다

예전에 이런 설문조사를 본 적이 있다.

"외출 시에 가장 신경이 쓰이는 것은?"

놀랍게도 차림새가 아니라 스마트폰 충전량이 1위를 차지했다. 스마트폰을 잠시라도 손에서 놓을 수 없는 스마트폰 중독에 시달리는 사람이 그만큼 많다는 말이다.

상황이 이렇다 보니, 요즘에는 스마트폰에 신경을 쓰느라 일에 집중하지 못하는 사람이 참 많다. 하지만 어떤 일에 온전히 몰두하려면 전화벨도 울리지 않고 SNS나 메시지 착신음도 들리지 않는 환경이 조성되어야 한다. 생각하고 있을 때 전화벨이 울리면 그 즉시 사고가 중단되고, 페이스북이나 메신저 프로그램의 착신음이 '떵뚱' 하고 울리면 나중에 봐야지 하고 마음을 먹더라도 마음 한구석에 확인해야 한다는 생각이 남아 신경이 쓰일 수밖에 없기 때문이다.

생각하는 것에만 전념하려면 그 모든 것이 차단되어야 한다.

나는 원고를 쓸 때나 중요한 카피를 생각해야 할 때, 혹은 기획서를 작성해야 할 때면 카페에 틀어박혀서 스마트폰을 무음 모드로 설정해놓고 가방에 넣어둔다. 소리만 나지 않을 뿐 걸려온 전화나 메시지는 착실하게 기록에 남으므로 그렇게 해두더라도 큰 문제는 일어나지 않는다. 이렇게 하면 굳이 스마트폰을 확인하기 위해서 와이파이를 찾아다녀야 하는 불편함도 없다. 내게 중요한 것은 어디까지나 집중할 수 있는 환경이다.

물론 고객과의 시의적절한 연락이 중요한 영업직이나 1분 1초를 다투는 일에 종사하는 사람에게는 맞지 않는 방법이겠지만, 창조적인 직업을 가진 사람이라면 때때로 스마트폰과 떨어져서 지내보라고 권하고 싶다.

클레임에
휘둘리지 않는다

생산성이 매우 떨어지기 쉬운 일 중의 하나가 클레임 처리다.

한 푼도 득이 되지 않는 데다가 자칫 잘못 대응하면 2차 클레임으로 번질 우려가 있는 등 시간이나 정신적인 면에서 손해를 볼 때가 많기 때문이다.

물론 제대로 대처하면 클레임을 제기했던 고객으로부터 감사 인사를 받기도 하고 그 고객이 단골이 되어준다거나 입소문을 내주는 등의 이익을 볼 수도 있다.

하지만 클레임 대응이 주요 업무인 경우를 제외하고, 대개는 자주 겪는 일이 아니어서 담당자는 마음고생을 할 수밖에 없다. 약간의 장점이 있다 하더라도 가능하면 클레임 은 피하는 것이 최선이다.

이를 위해서는 클레임이 발생할 수 있는 요인을 예측해 서 손을 써두어야 한다. 그러려면 '고객은 이런 점을 궁금 해하겠지?', '틀림없이 이것에 불만을 느끼겠지?', '이건 고 객이 원하는 바가 아닐 거야', '이런 경우라면 클레임이 들 어올지도 몰라'와 같은 상상력을 발휘해야 한다.

물론 상상력을 발휘해서 제대로 대비했다 하더라도 여 러 가지 이유로 실수나 오해가 생기면 언제든 클레임이 발 생할 수 있다. 그러므로 클레임에 대비하는 한편 클레임이 발생했을 때 대처 방안을 미리 정해두면 무방비 상태에서 직면하는 것보다는 마음고생을 줄이고 2차 클레임을 예방 할 수 있다.

예전에 나는 한 패스트푸드 체인점의 대응에 감탄한 적 이 있다.

어느 날 햄버거 세트를 포장해서 집으로 돌아와 열어보 니 감자튀김이 들어 있지 않았다. 그래서 전화를 걸어 상황 을 설명했더니 그 체인점의 점원은 두말하지 않고 죄송하 다며 즉각 사과했다. 그리고 내가 영수증을 갖고 있지 않았음에도 일부러 감자튀김을 집까지 배달해주었고(물론 내 집이 걸어서 10분 거리에 있기는 했지만) 다음에 쓸 수 있는 무료 쿠폰까지 주었다.

분명히 이 점포(혹은 체인 전체)는 '주문한 상품이 들어 있지 않았다'는 클레임이 들어올 경우에 대비해서 대처 방안을 마련해두고 이를 전 직원에게 철저히 교육했을 것이다. '클레임 고객의 기대를 좋은 의미에서 배반하면, 즉 기대 이상으로 보상하면 2차 클레임으로 번지지 않는다'는 생각에서 '고객의 말을 의심하지 않는다', '영수증이 없어도 된다', '고객의 집에까지 배달한다', '무료 쿠폰을 증정한다'와 같은 규칙을 마련했을 것이다.

당시 나는 화가 나거나 불만을 느끼기는커녕 '이렇게까지 해주니 오히려 미안하다'는 생각이 들었다. 그리고 '무료쿠폰을 들고 그 지점에 꼭 다시 가야겠다', '똑같은 패스트푸드를 산다면 그 지점에서 사야겠다'는 생각을 했다.

그 지점의 입장에서 보면 내가 클레임을 제기함으로써 배달 직원의 인건비와 무료 쿠폰이라는 비용이 발생했지만 신속하고 적절하게 대응함으로써 나라는 단골을 한 명 확보하게 됐다.

이처럼 클레임에 대한 적절한 대처 방안을 마련해두면 담당 직원의 마음고생도 줄고 2차 클레임도 예방하는 일석이조의 효과를 기대할 수 있다.

물건을
너무 늘리지 않는다

집에 옷이 너무 많으면 오늘은 무엇을 입을까 하고 고민하게 되고, 계절에 맞춰서 옷을 정리하는 품을 들여야 하고, 드라이클리닝 비용도 늘게 된다. 집에 물건이 너무 많으면 그것들에 쌓인 먼지를 떨어내고 정리해야 하는 등 집안 청소나 정리정돈에 시간과 에너지를 많이 써야 한다. 좀 극단적으로 말해서, 집안에 물건이 너무 많으면 물건을 보관하기 위해 집세를 내는 꼴이 된다.

물건이 늘면 그것을 찾고, 꺼내고, 청소하고, 정리하는 시간도 늘어난다. 그런 일을 하는 데 하루에 10분만 쓴다고 해도 1년이면 60시간, 30년이면 75일 치의 시간을 빼앗긴다. 그 시간을 들여서 할 수 있는 다른 일을 하지 못하게 되는 것이다.

물건이 줄면 이러한 수고와 시간도 준다. 가능한 한 보유하는 물건의 수를 줄이는 것이 시간을 창출하는 지름길인 셈이다.

나 역시 물건의 가짓수를 줄이려고 노력하고 있다.

한 계절 동안 입지 않은 옷은 미련 없이 버리고 낡은 티셔츠는 여름 잠옷으로 사용한다. 양말은 똑같은 것을 다섯 켤레 구입해서 구멍이 나면 그것만 버리고 남은 것을 돌려가며 신는다. 예의를 갖추어야 하는 자리에서 입어야 하는 양복은 한두 벌만 남겨두고 넥타이도 필요한 몇 개만 두고 모두 버렸다.

나는 너무 낡거나 보풀이 많이 일어서 입지 못하게 되었을 경우에만 새 옷을 사는데, 빈도를 따져보면 몇 년에 한 번꼴이다. 평상시에는 거의 매일 똑같은 옷을 입는다.

본래 갖고 있는 옷의 수도 적고, 그 종류도 평상복, 캐주얼 외출복, 예복 세 종류뿐이다. 그러다 보니 옷장 안의 풍경이 1년 내내 똑같아서 굳이 계절마다 옷을 정리할 필요도 없다. 세탁소는 벌써 몇 년째 이용하지 않았다.

신발은 양복에 맞는 구두가 세 켤레, 캐주얼 신발이 두 켤레, 운동화가 한 켤레, 평상시에 편하게 신는 신발이 한 켤레, 모두 일곱 켤레다. 그래서 무엇을 신을까 고민할 일도 없고 신발장 안도 깔끔하다.

내가 비교적 많이 구입하는 것은 책인데, 어지간히 감명을 받지 않은 이상은 읽은 후에 바로 중고서점에 내다 판다. 필요해지면 그때 다시 구입하면 된다.

5장

당신의 인생에
제3의 해답을 줄
시간관리 스킬

사고의 틀이 짜여 있으면
이해가 빠르다

새로 무언가를 배우거나 새로운 어떤 일을 시작할 때 이를 자신이 잘하는 분야에 적용해서 생각하면 이해하거나 습득하는 속도가 빨라진다.

나는 예전에 편의점 업계에서 일했는데 이곳에서 배운 것이 내 사고의 틀 중 하나로 자리 잡았다.

편의점에서는 상품의 카테고리를 대분류→중분류→소분류→단품으로 분류하는데 이런 방식은 추상적인 것을 구체화할 때 큰 도움이 된다.

어떤 상품이 히트 중일 때 나는 이것이 어떤 카테고리 안에 있기 때문에 잘 팔리는 것인지, 아니면 단품의 힘만으로 잘 팔리는 것인지를 확인한다. 만약 카테고리 전체가 잘 팔린다면 이것은 하나의 유행이라고 말할 수 있기 때문에 그 카테고리의 매장이나 상품의 가짓수를 늘려야 한다고 판단한다.

새로운 투자 대상을 선정할 때는 내 특기인 부동산 투자에 적용해서 생각한다.

부동산 투자에서 돈을 버는 방법에는 인컴 게인(집세 수입), 캐피털 게인(집값 상승으로 인한 이익), 절세, 환율차익(해외물건인 경우) 네 가지가 있다. 나는 새 투자 대상을 선정할 때 그것이 앞의 네 가지 중 어느 것에 해당하는지 생각한다.

그것이 인컴 게인에 해당하는 경우, 부동산에서는 표면상의 집세 수입에 관리비, 유지비, 고정자산세 등의 러닝코스트를 넣어서 순수한 이익을 산출하므로, 새 투자 대상의 러닝코스트가 무엇이고 얼마만큼 드는지를 계산해서 순이익을 예측한다.

단순한 듯하지만, 이런 과정을 거쳐서 투자 대상을 선별하여 운용하면 생각만큼 돈벌이가 되지 않는 사태를 피할 수 있다.

이미 익숙해져 있거나 잘하는 것에 적용하여 새로운 것

을 탐색하는 자세는 새 분야에 빨리 익숙해지는 데 큰 도움이 된다.

스포츠나 취미도 마찬가지다. 한 분야에서 상당한 수준에 도달한 사람은 다른 분야를 시작할 때 남들보다 이해 속도가 빠르다.

자신이 어떤 분야에서 뛰어난 점이 있다면 그 분야에서 습득한 사고의 틀을 다른 방면에도 적용해보자. 그러면 발전 속도가 훨씬 빨라질 것이다.

미지의 분야는 일단 시작한 후에 궤도를 수정한다

한 번도 접해보지 못해서 무슨 일이 일어날지 알 수 없는 분야에 뛰어들 때는 완벽할 때까지 기다리기보다 70% 정도 준비가 되면 일단 시작하고 볼 일이다. 어차피 앞을 내다볼 수 없으니 시작해서 상황이나 반응을 봐가며 궤도를 수정하는 편이 완벽을 추구하며 시기를 늦추는 것보다 낫다.

창업을 하거나 신규 사업을 시작할 때는 경험이 부족하기 때문에 상품이 잘 팔릴지, 고객이 무엇을 바랄지, 어떤 클레임이 들어올지, 경쟁 기업에서 어떻게 나올지 예측하기가 매우 어렵다.

이런 상황에서는 조사나 준비를 완벽하게 하느라 시간

을 들이기보다 일단 저예산으로 시작해보는 것이 효과적이다. 시작하면 다양한 반응이 나올 테고, 그러면 그것을 바탕으로 상품이나 서비스를 바꿔나가면 된다.

물론 관계된 사람이 많을 때는 충분한 논의를 거치지 않고 시작하는 것이 위험할 수 있다. 초기에 투자비용이 든다는 것도 부담이 된다. 건강이나 안전에 관한 일이라면 무엇보다도 신중하게 처리해야 하고, 실패했을 때 손해가 큰 경우라면 '일단 시작하고 보자'는 식의 생각은 어리석은 발상일 수 있다.

하지만 일반적인 일이라면 우선은 시작하고 볼 일이다. 처음에는 난관이 큰 듯 느껴지겠지만 하다 보면 익숙해지고 요령이 생긴다.

나 역시 일을 할 때는 이러한 방식을 즐겨 사용한다. 어떻게 될지 알 수 없으므로 큰돈 들이지 않고, 많은 사람을 끌어들이지 않고, 우선 혼자 시작해서 홈페이지를 만들어 공개한다. 그리고 기존 고객이나 메일 매거진 독자를 대상으로 이벤트나 설명회를 개최한 후에 그 반응을 보고 운영 방향이나 가격을 조정하고 상품의 선택지를 늘리는 식으로 궤도를 수정하면서 발전시켜나간다.

이런 방식으로 단계를 밟아가며 유연하게 대처하면 의외로 꽤 빠른 시간 안에 기대한 결과를 얻게 된다. 또 실패하더라도 큰 손해는 입지 않는다.

정보가 많아야 움직일 수 있는 사람은 정보수집 마감일을 정한다

일단 시작하고 보자는 이야기가 나온 김에 한 가지 더 언급하고 넘어가자.

정보가 충분하지 않으면 불안해서 새로운 일을 시작하지 못하는 사람이 있다.

하지만 정보수집에 초점을 맞추면 그것에 드는 시간이 너무 길어진다.

나는 이를 막기 위해 기간과 방법을 정해놓고 그 이상은 조사하지 않는다는 방침을 세워두었다.

예를 들어 새로운 서비스의 웹사이트를 만들 때는 그와 유사한 경쟁 업체의 웹사이트를 조사하는데, 그 수가 많으면 전부 다 확인하는 데 시간이 오래 걸리므로 검색 상위 30위의 홈페이지만 조사하는 식이다.

　말레이시아나 미국의 부동산을 살 때도 그렇다. 여기저기에 흩어져 있는 수많은 부동산 업자를 방문하려면 이동하는 시간이 오래 걸린다. 그래서 우선 현지에서 머물 수 있는 날짜를 정해놓고, 그 날짜 안에 만날 수 있는 업자 중에서 매입 상대를 결정한다.

　물론 이렇게 하면 정보 부족으로 불이익을 입을 위험이 있다. 하지만 성공확률이 90%든 95%든 'GO'라는 판단에는 변함이 없다. 따라서 어느 정도 조사했다면 그 이상의 정보는 별다른 영향을 끼치지 않는다.

복수의 일을 겸임한다

제아무리 좋아하는 곡이라도 날마다 똑같은 곡만 들으면 언젠가는 질린다. 소름 끼치게 감동받은 책도 반복해서 읽으면 애초의 감동을 느낄 수 없다.

일도 마찬가지여서 똑같은 일만 반복하면 타성에 젖는다. 기분 좋게 즐거운 마음으로 일하려면 앞서 언급했던, 막다른 길에 다다랐을 때는 관두는 방법 이외에 복수의 업무를 겸임하는 것이 도움이 된다.

이는 수험생이 수학이 지겨우면 영어, 영어가 지겨우면 물리를 공부하는 식으로 복수의 과목을 돌려가며 공부하는 것과 비슷하다.

부동산 투자 사업을 하는 내 경우를 예로 들자면, 나는 일본뿐만 아니라 해외 부동산도 같이 취급한다. 해외 부동산 거래는 일본 부동산 거래에서 느낄 수 없는 색다른 재미를 안겨준다. 또한 책도 쓴다. 투자나 경영에 관한 책은 물론이고 비즈니스 스킬이나 자기계발에 관한 책도 쓴다. 특히 책을 쓸 때면 평소에는 잘 의식하지 못했던 업무에 관한 가치관이나 그 순서를 새로운 관점으로 바라볼 수 있어서 여러 모로 큰 도움이 된다.

나는 자산을 운용할 때도 부동산 투자는 물론이고 외환 거래나 상품선물거래 등도 함께 한다. 이렇게 하면 머릿속에 여러 개의 안테나가 세워져 투자에 관한 정보를 폭넓게 모을 수 있다.

바빠서 여러 가지 일을 할 여유가 없다거나 스스로 업무를 고르기가 어려운 경우라면 정해진 일이 끝나고 퇴근한 이후에라도 다른 분야를 접해보자. 그러면 타성에 젖지 않고 오래도록 즐겁게 일하면서 부가적인 이득을 얻을 가능성도 생기게 된다.

자신이 갈고닦은 능력을 판다

전직 아나운서가 스피치 학원을 연다, 시스템 엔지니어가 프로그래밍 학원을 운영한다, 전직 항공승무원이 매너 연수를 실시한다, 토익 990점 만점을 받은 사람이 영어 학원을 차린다……

자신이 진심으로 열중해서 했던 일은 수익으로 이어지는 훌륭한 콘텐츠가 될 수 있다.

만약 당신이 어떤 분야를 잘 알거나 어떤 일을 남들에 비해 좀 더 잘하고 있다면 그것을 고객에게 상품으로 내놓을 수 있을 정도의 수준으로 끌어올려 보는 것이 어떨까?

영업사원을 예로 들어보자. 독특하거나 다양한 영업기술

을 알고 있다면 이를 정리해서 '영업 능력 강화 강좌'라는 교육 프로그램을 짜보는 것이다. 그리고 회사 내에서 부하 직원이나 후배를 대상으로 이와 관련한 강의나 스터디 모임을 열어보자.

그러면 자신의 일을 돌아보는 계기가 될 뿐만 아니라 자신의 생각을 누구나 쉽게 이해할 수 있는 이론으로 체계화하는 데 도움이 된다. 또한 강좌를 개최하는 경험을 쌓을 수 있고 회사 밖으로 진출하기 위한 준비 과정이 되기도 한다.

자신이 좋아하고 잘하는 분야에서 새로운 수익을 창출하려면 '다른 사람에게 돈을 받을 수 있는 수준으로 끌어올려야겠다'라는 의지가 필요하다. 느낌이나 추측, 두루뭉술한 설명만 있고 구체적인 근거를 제시하지 못하면 수강생을 받아들이지 못한다. 수강생도 이해할 수 있고 자신에게도 득이 되려면 강좌가 논리정연해야 한다. 그리고 실제로 그 강좌가 누군가에게 도움이 되면 자신감이 붙게 된다.

지금 무언가에 몰두해 있다면, 다른 일에 비해 어떤 일을 좀 더 잘하고 있다면 한 단계 높은 수준으로 갈고닦아보자. 그 안에 창업의 씨앗이 감춰져 있을지도 모른다.

젊을 때는 열악한 환경에서
일하는 편이 낫다

　나는 젊을 때는 다소 열악한 환경에서 일하는 것이 미숙한 자신을 단련할 수 있는 좋은 기회라고 생각한다. 결과적으로는 업무 처리 속도를 높일 수 있는 방법을 터득하고 훈련할 수 있기 때문이다.

　정해진 시간에 많은 업무를 처리하게 되면 속도 감각이 길러지고, 더불어 그 업무의 질을 떨어뜨리지 않으려고 노력함으로써 일 처리 능력이 향상된다. 나 역시 그러한 경험을 해보았고, 내 주위의 성공한 기업가들도 대부분은 젊은 시절에 그와 같은 열악한 환경에서 일을 해왔다.

　팸플릿을 봉투에 넣는 단순한 작업만 하더라도 하루에

200장을 넣는 사람보다 하루에 1,000장을 넣는 사람이 더 빨리 요령을 깨우친다. 10장이나 20장으로는 익힐 수 없는 다양한 감각과 기술을 많은 업무량을 통해 시행착오를 겪으며 익히게 되는 것이다.

요령이나 감을 익히려면 많은 양을 떠맡는 것이 좋다.

안 그래도 힘든데 뭐하러 더 힘들게 일하느냐, 돈을 더 주는 것도 아닌데 굳이 그럴 필요가 있느냐 하고 반문할지도 모르겠다. 확실히 양이 2배로 늘면 지금까지의 속도로는 감당할 수 없게 된다. 하지만 그렇기 때문에 고생이 되더라도 어떻게든 해내려고 애를 쓰게 된다.

그러면 손을 놓아도 되는 부분, 가볍게 흘려보내도 전체의 질에는 영향을 주지 않는 부분을 발견하게 된다. 돌파구가 보이기 시작하는 것이다. 또한, 일을 체계적으로 빠르고 정확하게 해내는 연습이 되기도 한다.

업무량이 는다고 급여가 늘지는 않겠지만 젊었을 때 이러한 연습을 해두면 어떠한 일을 새로 시작할 때 많은 도움이 된다. 말하자면 일을 해낼 수 있는 기초체력이 길러진다.

정시 퇴근, 야근 제로, 높은 대우로 대표되는 안정적인 기업에 들어가 적은 업무량에 정시 퇴근을 목표로 삼는 사람도 있을 것이다.

확실히 40대 이후라면 이런 기업에서 일하는 것이 일과 가정을 양립하고 건강을 지키는 데 더 유리하다. 하지만 20대에 이런 환경에 익숙해지면 그 일 외에는 아무것도 하지 못하거나 다른 곳에서는 적응하지 못할 우려가 있다.

자기 자신에게 질문을 던져보자.

"지금 내가 하고 있는 일이 미래의 나를 만든다. 나는 과연 어떤 사람이 되고 싶은가? 어떤 미래를 꿈꾸는가?"

열악한 환경에서 일하고 싶은 사람은 없을 것이다. 하지만 그 안에서 자신을 단련한다면 미래가 달라질 것이다.

인생의 전환기는
언제든 맞이할 수 있다

앞에서 지금 내가 하고 있는 일이 미래의 나를 만든다고 했는데, 그러한 관점에서 바라보면 인생의 전환기는 언제든 맞이할 수 있다.

샐러리맨으로 살던 예전의 나는 직장을 관두기 1년 전부터 '어떻게 하면 자유를 얻을까' 하고 고심했다. 당시 나는 경영전략 컨설팅 회사에서 일했는데, 급여는 높았지만 매우 바빠서 밤늦게까지 일하다 택시를 타고 퇴근하는 날들이 이어졌고, 주말도 반납하고 출근해야 해서 가족과 보내는 시간도 없다시피 했다. 한 3년쯤 이런 생활을 하다 보니 다음과 같은 생각이 들기 시작했다.

'다른 사람에게 맞추지 않고 내 속도에 맞춰 일하고 싶다.'

'다른 사람에게 조언하는 것이 아니라 내 방식대로 스스로 일해보고 싶다.'

이를 실현하려면 어떻게 해야 할까 하고 궁리하다가 나는 '불로소득'을 창출해야겠다고 마음먹었다. 내 노동력에 의존하지 않는 수입원이 있으면 회사를 그만두어도 생활할 수 있고, 사업이 실패해도 생활이 유지되기 때문이다. 그래서 그 방법으로 부동산 투자를 선택했다. 당시 근무하던 회사에서는 부업을 금지하고 있었고 스마트폰도 없던 때라서 부동산 투자가 가장 적합했다.

나는 즉시 부동산 투자에 관한 책을 읽으며 공부하기 시작했고, 부동산 투자 전문 회사를 20여 곳 방문해 상담을 받았다. 동시에 700만 원뿐이었던 종잣돈을 늘리기 위해 절약과 저축에 온 신경을 쏟았다(그때는 연봉제여서 이듬해까지 급여가 바뀌지 않아 절약밖에는 길이 없었다).

그리고 좋은 물건이 있다는 정보가 들어오면 곧바로 찾아가 살펴보고, 문제가 없다고 판단되면 은행에 융자를 신청하여 심사가 통과되는 즉시 구입했다.

　이러한 과정을 여러 번 반복한 뒤, 나는 마침내 충분하지는 않지만 어느 정도 경제적 자유라는 꿈에 그리던 환경을 손에 넣게 됐다. 이것이 나의 전환기가 되어 현재까지 이어지고 있다.

　삶의 전환기를 맞이하려면 먼저 자신이 생각하는 이상적인 모습과 지금의 환경이 어떻게 다른지를 인식할 수 있어야 한다. 그리고 그 간격을 해소할 방법을 찾아서 실행해야 한다.

　당연한 말이지만, 이를 실제로 실천하는 사람은 매우 드물다. 많은 사람이 이를 실천하지 못하는 까닭 중 하나는 곰곰이 생각할 여유가 없기 때문이다. 일에 관한 선택지는 어느 정도 가짓수가 정해져 있지만, 인생의 선택지는 무한하고 그래서 무엇이 좋은지는 판단하기 어려워 고민하는 것을 뒤로 미루게 된다.

　자기 방이 없는 아이나 늘 친구들과 어울리는 젊은이의 사고는 그리 깊지 않다고 하는데, 이런 말에는 일리가 있다. 항상 타인과 함께 있으면 혼자서 고민하고 생각할 시간을 갖기 어렵다. 어른도 마찬가지다. 자기만의 시간이 주어지지 않으면 환경 변화를 알아차리지 못하거나 불만이 있어도 현재 상황에 안주해버릴 가능성이 크다.

가끔은 자신을 위해, 미래를 위해 차분히 생각할 수 있는 혼자만의 시간을 가져보자.

바쁠 때일수록
하고 싶은 일을 끼워 넣는다

평소에는 별생각이 없다가 일이 바빠지면 이상하게도 소설책을 읽고 싶고 취미생활을 하고 싶어진다. 반대로 한가해지면 새로 무언가를 시작하는 것이 그렇게 귀찮을 수가 없다. 바쁠 때는 하고 싶은 것이 참 많았는데 막상 시간이 생기면 의욕이 싹 사라지는 것이다.

바쁠 때는 긴장감이 돌면서 일 처리 속도가 빨라진다. 그만큼 성취감도 커지고 의욕도 충만하다. 능력을 키우거나 무언가를 배우고 싶다면 이 상황을 놓치지 말아야 한다.

조금 역설적이기는 하지만, 이렇게 의욕이 충만해져서 '이것도 하고 싶다', '저것도 하고 싶다' 하는 생각이 떠오른다면 조금 무리를 해서라도 그러한 일을 바쁜 일 사이사이에 끼워 넣어보자. 조금이라도 좋으니 하고 싶다고 느낀 일에 일단 손을 대보는 것이다.

갑자기 새로운 취미를 배우고 싶어졌다면 무료로 체험할 수 있는 곳에 가보거나 1일 강습을 받아보자. 달리기를 하고 싶은데 시간을 뺄 수 없다면 운동화라도 사서 방 안 잘 보이는 곳에 걸어두기라도 하자. 인터넷에서 자료를 찾다가 '이 기사 재미있겠는데? 하지만 지금은 시간이 없어'하며 아쉬운 마음 든다면 북마크를 하거나 자신의 블로그에 저장해두자.

이는 새로운 것을 배울 기회를 놓치지 않기 위한, 잊지 않기 위한 매우 효과적인 방법이다.

단, 잠깐만 손을 대보자고 시작한 일에 오히려 몰두해서 다른 일을 방치하는 상황이 생기지 않도록 주의해야 한다.

'언젠가' 하고 싶은 것이 있으면 '지금' 한다

앞의 이야기와 마찬가지로, '언젠가는 이러이러한 걸 하고 싶다'라고 생각한 것이 있다면 조금이라도 좋으니까 지금 바로 맛을 보자.

하고 싶다고 생각했을 때 하지 않으면 영원히 하지 않은 채로 끝나버릴 가능성이 크기 때문이다. 미래에 그것을 할 기회가 찾아온다는 보장은 없다.

만약 등산을 하고 싶다면 '시간 여유가 있을 때 가지, 뭐' 하고 뒤로 미루지 말고 내일이라도, 돌아오는 주말이라도 당장 산에 가는 것이 좋다. 그러면 다녀와서 그 경험을 회사 동료나 친구들에게 이야기할 테고, 그 이야기를 들은 누군가로부터 "이런 사람을 알고 있는데 소개해줄게"라든가 "저도 등산 좋아하는데 같이 하실래요?"와 같은 말을 듣게 될지도 모른다. 그렇게 해서 함께 할 수 있는 지인이 생기면 혼자서는 오르지 못할 산에도 가게 되고 등산에 관한 지식도 넓힐 수 있다.

일도 마찬가지다. 앞으로 어떤 일을 하고 싶다고 생각만 하고 있으면 주변 사람들은 그 사실을 알지 못해서 좋은 기회가 있더라도 알려주지 못하고 유익한 조언도 해주지 못한다.

지금은 비록 영업직을 맡고 있지만 앞으로는 기획이나 마케팅 쪽 일을 하고 싶다면 주변 사람들에게 그 생각을 알리고, 회사 내에서도 "이런 상품은 어떻습니까?", "이렇게 팔면 어떨까요?" 하고 계속해서 그 방면의 제안을 해야 한다. 그러면 '저 사람은 기획 쪽에 적극적이군', '마케팅에도 밝은 모양이네' 하는 인식이 퍼져서 원하던 부서로 발령을 받거나 관련 프로젝트를 맡게 될지도 모른다.

책을 읽고 싶은데 바빠서 시간을 낼 수 없다면 일단 그 책을 구입해서 책장에 꽂아두자. 날마다 새 책이 쏟아져 나오기 때문에 서점의 진열대는 수시로 바뀌고, 결국 자신이 관심을 가졌던 책도 어느 순간 잊힌다. 그러면 자신에게 큰 도움이 됐을지도 모를 그 책과의 만남을 놓치게 된다. 하지만 책을 사서 책장에 꽂아두면 어느 날 문득 책 제목이 눈에 들어와 다시 한번 '오늘은 시간이 있으니까 읽어볼까?' 하는 흥미를 불러일으킬 수 있다.

지금까지의 인생이 순식간에 지나갔듯이 앞으로의 인생도 틀림없이 순식간에 지나갈 것이다.

인생은 긴 듯해도 어떤 일을 이루려고 들면 의외로 짧은 법이다.

하고 싶은 일은 뒤로 미루지 말고 지금 하자. '다음에 하지, 뭐' 하고 미루지 말고 조금이라도 좋으니까 일단 손을 대서 기회의 싹을 틔워보자.

업무 범위를 정하지 않는다

나는 내가 어느 부서에 있든 어느 직종에서 어떤 일을 담당하든 내가 맡은 일의 범위를 한정해놓지 않는다. '내가 맡은 일은 아니지만 필요하다면 한다'는 자세를 항상 고수하고 있다.

예전에 편의점 본부에서 일할 때도 그랬다. 슈퍼바이저라는 직무를 맡고 있었지만 신상품에 대한 평가나 개선방안 제안, 내가 기획했던 판촉방법에 대한 결과보고서 작성 등 슈퍼바이저의 업무가 아닌 일에도 적극적으로 관여했다.

상품이 개선되어서 잘 팔리면 판매액이 올라가고 가맹점은 기뻐한다. 애초에 슈퍼바이저의 존재 의미는 가맹점의 판매액이나 이익을 올려서 점주들을 기쁘게 하는 것이다. 언뜻 보기에는 슈퍼바이저의 일이 아닌 것 같지만 내가 관여했던 모든 행위는 결국 돌고 돌아서 가맹점을 위한 일이기도 했다.

이후에 나는 본사의 영업지원 부서로 발령받았는데, 그 시절에도 비록 맡은 업무는 아니었지만 상품개발부와 함께 협력업체에 나가 상품에 관한 다양한 제안을 했다.

이렇게 해당 업무가 아니었음에도 다양한 문제에 관여했던 것이 이후 컨설팅 회사의 면접시험에 합격한 주요 요인으로 작용했다. 그리고 그 컨설팅 회사에 다닐 때도 나는 내 업무의 범위를 넘어 모든 일에 항상 적극적이었다.

'그 일은 내 알 바 아니야', '내가 생각하지 않아도 되는 일이야', '지시받은 적 없으니까 하지 않아도 돼'라는 생각을 하는 사람도 많을 것이다. 하지만 그런 사고방식으로는 능력을 향상할 수 없고 본래의 목적을 달성할 수도 없다.

비록 담당자는 아니지만 필요하다면 한다는 자세로 뛰어들어야 새로운 기회를 붙들 수 있고, 그 일과 관련한 모든 이가 함께 행복해질 수 있다.

가설사고가
의사결정 속도를 결정한다

가설사고란 지금 알고 있는 정보를 토대로 가장 가능성이 높은 결론을 상정한 후에 그것을 최종 목적지로 의식한 상태에서 검증을 반복하여 가설의 정확도를 높여가는 사고방식을 말한다. 한마디로 말해서 결론부터 예측하는 사고방식이다.

하늘이 흐리다 → 그러므로 비가 내릴지도 모른다 → 그러므로 우산을 가지고 간다

이 같은 생각의 흐름이 바로 가설사고다.

가설사고의 최대 장점은 정해진 시간과 정보 안에서 가장 적절한 답을 빠르게 찾아낼 수 있다는 점이다.

이렇게 하면 이렇게 될지도 모른다 → 해본다 → 결과는 달랐다 → 그 이유는 분명 이것일 것이다 → 다음부터는 이렇게 해보자

일상생활에서 이러한 패턴의 생각을 반복해서 하다 보면 '이렇게 하면 이렇게 된다'와 같은 사전 예측이 가능해진다. 그 결과 미지의 상황에 처하더라도 적절한 대처 방법을 찾아낼 수 있다.

가설이 틀렸더라도 걱정할 필요는 없다. '왜 그럴까? 다음에는 어떻게 하면 좋을까?' 하고 원인과 방법을 분석하다 보면 '다음에는 이렇게 해야겠구나' 하는 교훈이 남는다. 그러면 다음에는 정밀도가 더욱 높은 가설구조를 세울 수 있고, 그 시간도 점차 단축되어 문제해결 속도가 빨라진다.

가설, 즉 결론을 미리 내놓지 않으면 닥치는 대로 정보를 수집해서 분석하게 되고, 그 결과 방향성을 잃어 행동이 늦어진다. 물론 자료를 수집하고 분석하면서 답을 찾아갈 수도 있겠지만 이처럼 순차적으로 사고할 경우 문제에 대한 원인을 분석하고 해결책을 찾는 데 많은 시간을 소모하게 된다.

혹시 '나는 왜 이렇게 운이 없을까?' 하는 불만을 품고 있는 사람이 있다면 자신이 아무런 가설도 세워놓지 않고 그저 닥치는 대로 아무 생각 없이 일하고 있지는 않은지 되돌아봐야 한다.

정답이 없는 실무 세계에서 성과를 내려면 먼저 답을 도출해놓은 뒤 그에 따라 움직이는 자세가 필요하다. 움직이지 않으면 아무것도 보이지 않는다. 일단 움직이기 시작하면 그 결과에 따라서 다음 과제가 보이고, 과제가 보이면 해결 방법을 생각할 수 있다. 이렇게 가설을 세우고, 검증하고, 수정해가는 과정 속에서 점차 발전하게 된다.

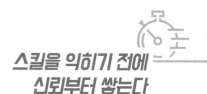

스킬을 익히기 전에 신뢰부터 쌓는다

이 책에서는 시간관리에 도움이 되는 비즈니스 스킬을 소개하고 있지만, 나는 일을 해내는 스킬을 연마하는 것보다 신용을 얻는 것이 더 중요하다고 생각한다.

신용이 높으면 높을수록 상대방은 내 역량과 의견을 믿어주고, 그러면 상대방을 설득하거나 어떤 문제를 조정하는 데 시간이 들지 않게 된다.

어디 그뿐인가? 신용이 높으면 의견이나 주장이 쉽게 받아들여져서 일하면서 누릴 수 있는 자유의 폭이 넓어지고, 일에 재미가 붙게 된다.

물론 신용을 얻으려면 실적이 좋아야 하고 그러려면 스

킬이 있어야 하지만, 자기만족에 머무르는 능력 향상보다는 다른 사람에게 실질적으로 도움이 되는지가 더 중요하다.

시간관리도 기본적으로는 더 효율적으로 일할 수 있는 테크닉 중심이어서 따지고 보면 자신이 행복해지는 방법, 즉 자기만족에 해당한다.

하지만 시간관리에는 '타인을 행복하게 만든다'라는 전제가 깔려 있다. 왜냐하면 일이란 본래 누군가의 문제를 해결해주거나 누군가의 꿈을 실현하는 등 남에게 공헌하는 측면이 있기 때문이다. 남에게 공헌하기 때문에 돈도 받고, 신용도 얻게 되는 것이다.

신용을 얻으려면 직장 상사가 지시한 일을 기대 이상으로 해내야 하고 거래처나 고객의 요구에 착실하게 대응해야 한다.

'어떻게 하면 더 많이 팔까?', '할당량을 빨리 채우려면 어떻게 해야 할까?' 하고 생각하기보다 '어떻게 하면 고객의 요구사항을 잘 해결할 수 있을까?', '어떻게 하면 고객의 꿈을 실현할 수 있을까?'와 같은 관점을 갖고 일해야 한다.

단순히 효율적인 사람을 뛰어넘어 더욱 성장하는 사람이 되려면 거래처 혹은 고객이 품고 있는 문제에 관해 가설을 세우고, 질문을 준비하고, 그 해결책을 생각하는 자세를 갖춰야 한다.

이때 필요한 것은 단순한 비즈니스 스킬이 아니라 배려, 솔직함, 상상력과 같은 사회인이 갖추어야 할 종합적인 인간성이다. 먼저 인간성을 다진 후에 능력을 배양해야만 그 능력을 제대로 꽃피울 수 있다.

그렇게 되면 설령 샐러리맨이라 해도 직장 내에서 누릴 수 있는 자유의 폭이 넓어져 일하는 것이 훨씬 즐거워질 것이다.

자신이 만족할 수 있는 요소로 하루를 채운다

시간관리의 궁극적인 목적은 행복한 인생이다.

단순히 일찍 퇴근해서 느긋하게 지내려고 시간관리 스킬을 구사한다면 이는 애초에 일이 즐겁지 않다는 것을 의미하므로 생산적인 발상이라고 할 수 없다. 시간관리의 진정한 의미는 하기 싫은 일이나 즐겁지 않은 것을 배제하고 즐거운 것으로 하루를 채워 그 하루를 알차고 보람 있게 보내는 데 있다.

물론 무엇이 즐겁고 무엇이 즐겁지 않은지는 사람마다 다르다. 끈기를 요하는 작업을 묵묵히 해내는 것을 좋아하는 사람이 있는가 하면 새로운 분야의 일을 찾아서 자신의 힘으로 성취해나가는 것을 좋아하는 사람도 있다.

그러므로 우선 '무엇을 해야 할까?'보다 '무엇을 하면 즐거울까?'라는 질문을 던져서 그 답을 찾아야 한다. 그리고 해야만 하는 일을 줄이거나 빨리 해치워버린 후 즐거운 일, 만족을 느낄 수 있는 일을 중심으로 하루의 일정을 짜야 한다.

이를 위해서는 경험의 축적과 전략이 필요하다.

이때 경험은 실무 경험을 말한다.

경험이 부족하면 자신이 무엇을 잘하는지, 어떤 경우에 성취감을 느끼는지를 확실하게 파악하기가 어렵다. 드리블도 제대로 할 줄 모르는 단계에서는 축구의 진정한 재미를 느낄 수 없듯이, 경험을 통해 어느 정도 능력이 갖춰져야만 진정한 즐거움을 알 수 있다.

전략이란 자신이 원하는 인생을 이루기 위해 무엇을 하고 무엇을 하지 말아야 하는지, 무엇을 우선하고 무엇을 우선하지 말아야 하는지, 어떤 상대와 어떤 스타일로 관계를 맺어야 하는지를 판단하는 것이다.

이 판단을 내릴 수 있는 위치에 서려면 역시 실적을 쌓아서 신용을 높여야 한다. 자신이 "부탁드립니다" 하고 말하는 것보다 상대방에게서 "부탁드립니다"라는 말을 듣는 편이 선택의 폭이 넓기 때문이다.

만약 내가 다시 샐러리맨으로 돌아간다면 어떻게 할까?

처음에는 지시받은 일을 기대 이상으로 완수하여 신뢰를 얻을 것이다.

아무리 바빠도 내게 맡겨지는 일은 절대 거절하지 않을 것이다.

만약 불합리하거나 비효율적인 면이 있다면 단순한 불평을 넘어 스스로 방법을 고안하고 시도하여 실적을 냄으로써 내 생각이 옳다는 것을 증명해 보일 것이다.

권리는 주장하지 않고 의무를 확실하게 완수하며, 급여나 야근수당, 휴가와 같은 보상에 관한 불만은 말하지 않을 것이다. 더불어 모든 일은 내가 책임진다는 자세로 임할 것이다.

사내평가보다 고객만족을 우선하여 내 지지자를 늘리고, "자네에게 맡길 테니 알아서 하게"와 같은 말을 들을 정도로 신용을 높이는 데 목표를 둘 것이다.

그 목표가 실현될 즈음이면 내가 하고 싶은 새로운 프로젝트를 제안할 수 있을 것이다. 그리고 재미없어 보이는 일은 다른 직원에게 돌리고 재미있어 보이는 일만 고를 수 있게 될 것이다. 그 결과 내가 요구하지 않아도 높은 보수와 대우가 뒤따를 것이다.

시간관리 스킬은 인간이 갖추어야 할
종합적인 능력을 기르는 것

날마다 반복되는 뻔한 일만 처리해도 하루를 바쁘게 보냈다는 느낌이 든다. 하지만 진정한 의미에서의 일은 이익을 생산하는 행위, 비용을 절감하는 행위, 문제를 해결하는 행위를 말한다.

물론 관리부서(총무, 경리, 인사 등)는 그 특성상 정형화된 일상 업무, 즉 루틴워크routine work가 많을 수밖에 없다. 하지만 루틴워크는 언제든 인력을 대체할 수 있다는 특성을 지니고 있다. 꼭 내가 하지 않아도 되므로 언제 임금이 하락할지, 언제 직장을 잃게 될지 알 수 없는 노릇이다.

특히 앞으로는 인공지능 기술의 발달로 로봇이나 컴퓨

터가 많은 부분에서 사람을 대신할 전망이다. 또한 외국인 노동자가 늘면 인건비가 상대적으로 저렴한 그들에게 단순 작업이 돌아가게 될 것이다.

즉, 사람만이 할 수 있는 일, 나만이 가치를 창출할 수 있는 일에 초점을 두고 나아가지 않으면 연 수입은 점점 줄어들게 되고, 그런 상태에서는 시간관리 스킬이 무의미해진다.

시간관리는 자신이 떠맡은 많은 작업을 효율적으로 처리한다는 측면이 있다. 하지만 그 근본적인 목적은 '작업'을 줄이고 '일'에 전념할 수 있는 상태 혹은 환경을 만드는 데 있다. 그런 의미에서 보면 첨단 기기나 일하는 방식을 정비하는 것뿐만 아니라, 의사소통 능력이라든지 논리적 사고 능력, 책임감과 같은 전인격全人格적인 요소가 시간관리에 포함되어 있음을 알 수 있다.

직장 동료에게서 "잠깐 이야기할 수 있어?"라는 말을 들었다고 해보자. 한창 집중력을 발휘하고 있거나 좋은 아이디어가 떠올랐는데 방해받는 것이 싫다고 "미안, 지금은 그럴 시간이 없어"라고 무뚝뚝하게 대답해버리면 아마도 상대방은 거부당했다는 느낌이 들어 앞으로는 말을 잘 걸지 않게 될 것이다. 이럴 때는 "미안, 지금은 일손을 놓을 수가 없어. 30분 정도면 끝나니까 그때 이야기해도 돼? 30분 후에 내가 연락할게"와 같이 상대방을 배려하는 의사소통 능력을 발휘해야 한다.

A안과 B안으로 고민하는 중이라고 해보자. 논리적 사고 능력이 없으면 각각의 장단점을 제대로 비교하기 힘들어서 잘못된 판단을 내리거나 "왜 A안이지?"라는 질문에 제대로 답을 하지 못해 궁지에 몰릴 수 있다. 그러면 시간이나 비용 면에서 손해를 입게 되는 건 물론이고 직장 내에서의 입지도 위태로워진다.

책임감도 중요하다. 만약 책임감이 희박하면 벌어지는 일마다 상사에게 물어보고 진행해야 해서 일의 진척 속도가 더뎌지고, 물어본 후에 다시 대답해야 하므로 일감이 늘어나게 되며, 상대방에게 신뢰를 줄 수 없게 될 것이다.

일이 빠른 사람은 의사결정 속도가 빠르다. 경험이 많아서 일에 대한 감이 뛰어나기 때문에 그렇기도 하고, 무엇보다도 '마지막에는 내가 책임진다'라는 강렬한 책임감을 갖고 있어서 그렇다.

어떤 결과가 벌어져도 받아들일 각오가 있으면 자신의

판단으로 일감을 조절할 수 있다.

시간을 잘 활용해서 삶을 풍요롭게 만들려면 테크닉뿐만 아니라 사고체계와 행동체계를 동시에 바꿔나가 인생에 도움이 되는 종합적인 능력을 길러야 한다.

성과없이 바쁘기만 한 당신을 위한
시간관리 스킬

초판 1쇄 인쇄 2018년 1월 6일
초판 1쇄 발행 2018년 1월 10일

지은이 고도 토키오
옮긴이 김현영

발행인 양문형
펴낸곳 타커스
등록번호 제313-2008-63호
주소 서울시 종로구 대학로 14길 21 (혜화동) 민재빌딩 4층
전화 02-3142-2887   팩스 02-3142-4006
이메일 yhtak@clema.co.kr

ⓒ 타커스 2018

ISBN 978-89-94081-47-2 (03320)

이 도서의 국립중앙도서관 출판예정도서목록(CIP)은 서지정보유통지원시스템
홈페이지(http://seoji.nl.go.kr)와 국가자료공동목록시스템(http://www.nl.go.kr/kolisnet)에서
이용하실 수 있습니다.(CIP제어번호: CIP2017032055)